Besseres Gedächtnis

Der Anwalt, Kaufmann, Verleger und Autor, sowie Pionier der New Thought Bewegung William Walker Atkinson schrieb schätzungsweise 100 Bücher, alle in den letzten 30 Jahren seines Lebens. Er wurde in früheren Ausgaben des Who's Who in America, in Religious Leaders of America und in mehreren ähnlichen Publikationen erwähnt. Seine Werke sind mehr oder weniger kontinuierlich im Druck geblieben und immer noch Bestseller.

WILLIAM WALKER ATKINSON

BESSERES GEDÄCHTNIS

WIE MAN ES STÄRKT, TRAINIERT UND EINSETZT.

Aus dem Englischen übertragen und
herausgegeben von
Klaus-Dieter Sedlacek

Es reicht nicht aus, nur einen gesunden Geist zu haben
- man muss auch lernen, ihn optimal zu nutzen, wenn
man geistig hochleistungsfähig werden will.

Toppbook Ratgeber Bd. 7

Bibliografische Information der Deutschen Nationalbibliothek:
Die Deutsche Nationalbibliothek verzeichnet diese Publikation in der
Deutschen Nationalbibliografie; detaillierte bibliografische Daten
sind im Internet über dnb.dnb.de abrufbar

Übersetzung, Coverdesign, Satz in moderner Antiqua-Schrift:
Klaus-Dieter Sedlacek
https://toppbook.de

© 2020 Klaus-Dieter Sedlacek
Herstellung und Verlag: BoD – Books on Demand, Norderstedt

ISBN: 978-3-7528-6942-2

Inhaltsverzeichnis

KAPITEL I. DAS GEDÄCHTNIS UND SEINE BEDEUTUNG.

Es braucht sehr wenig Argumente, um den durchschnittlich denkenden Menschen von der großen Bedeutung des Gedächtnisses zu überzeugen, obwohl selbst dann nur sehr wenige anfangen zu erkennen, wie wichtig die Funktion des Geistes ist, die mit dem Festhalten von geistigen Eindrücken zu tun hat. Der erste Gedanke des Durchschnittsmenschen, wenn man ihn bittet, die Bedeutung des Gedächtnisses zu betrachten, ist sein Gebrauch in den Angelegenheiten des täglichen Lebens, entlang entwickelter und kultivierter Bahnen, ganz im Gegensatz zu den schwächeren Ausprägungen der Erinnerung. Kurz gesagt, man denkt im Allgemeinen an das Gedächtnis in der Phase eines " guten Gedächtnisses " im Gegensatz zu der entgegengesetzten Phase eines "schlechten Gedächtnisses". Aber es gibt eine viel breitere und umfassendere Bedeutung des Begriffs als die dieser wichtigen Phase.

Es ist wahr, dass der Erfolg des Einzelnen in seinem alltäglichen Geschäft, Beruf, Gewerbe oder anderen Tätigkeiten sehr wesentlich vom Besitz eines guten Gedächtnisses abhängt. Sein Wert in jedem Lebensbereich hängt in hohem Maße von dem Grad des Gedächtnisses ab, das er entwickelt haben mag. Die Erinnerung an Gesichter, Namen, Fakten, Ereignisse, Umstände und andere Dinge, die seine tägliche Arbeit betreffen, ist das Maß für seine Fähigkeit, seine Aufgabe zu erfüllen. Und im gesellschaftlichen Umgang von Mann und Frau macht der Besitz eines festhaltenden, mit den verfügbaren Fakten gut bestückten Gedächtnisses seinen Besitzer zu einem begehrten Mitglied der Gesellschaft. Und in den höheren Aktivitäten des Denkens ist das Gedächtnis eine unschätzbare Hilfe für den Einzelnen, wenn er die Teile und Abschnitte des Wissens, die er vielleicht erworben hat, zusammenfasst und vor seinen kognitiven Fähigkeiten überprüft - so überprüft die Seele ihre geistigen Besitztümer. Wie Alexander Smith gesagt hat: "Der wahre Besitz eines Menschen ist sein Gedächtnis; in nichts anderem ist er reich, in nichts anderem ist er arm." Richter hat gesagt: "Die Erinnerung ist das einzige Paradies, aus dem wir nicht vertrieben werden können. Gib uns nur die Erinnerung, und wir können durch den Tod nichts verlieren." Lactantius sagt: "Das Gedächtnis mildert den Wohlstand, mildert die Not, kontrolliert die Jugend und erfreut das Alter."

Aber selbst die oben genannten Phasen der Erinnerung stellen nur einen kleinen Ausschnitt aus dem Gesamtkreis dar. Das Gedächtnis ist mehr als "ein gutes Gedächtnis" - es ist das Mittel, mit dem wir den größten Teil unserer geistigen Arbeit verrichten. Wie Bacon schon sagte: "Alles Wissen ist nur Erinnerung." Und Emerson: "Das Gedächtnis ist eine primäre und grundlegende Fähigkeit, ohne die keine andere arbeiten kann: der Zement, das Bitumen, die Matrix, in die die anderen Fähigkeiten eingebettet sind. Ohne sie wäre alles Leben und Denken eine unzusammenhängende Folge." Und Burke: "Es gibt kein Vermögen des Geistes, das seine Energie zur Wirkung bringen kann, wenn das Gedächtnis nicht mit Ideen gespeichert wird, auf die es schauen kann." Und Basile: "Das Gedächtnis ist das Kabinett der Fantasie, die Schatzkammer der Vernunft, das Register des Gewissens und die Ratskammer des Denkens." Kant hat das Gedächtnis als "die wunderbarste aller Fähigkeiten" bezeichnet. Kay, eine der besten Autoritäten auf diesem Gebiet, hat dazu gesagt: "Wenn der Geist nicht die Macht besäße, seine Erfahrungen zu sammeln und sich zu erinnern, könnte kein Wissen jeglicher Art erworben werden. Wenn jede Empfindung, jeder Gedanke oder jede Emotion in dem Moment, in dem sie nicht mehr präsent ist, vollständig aus dem Verstand verschwindet, dann wäre es, als wäre sie nicht gewesen; und sie könnte nicht erkannt oder benannt werden, sollte sie zufällig zurückkehren. Ein solches wäre nicht nur ohne Wissen, ohne Erfahrungen aus der Vergangenheit, sondern auch ohne Zweck, Ziel oder Plan für die Zukunft, denn diese implizieren Wissen und erfordern Erinnerung. Auch eine freiwillige oder zweckbestimmte Bewegung könnte ohne Erinnerung nicht existieren, denn Erinnerung ist bei jedem Zweck beteiligt. Nicht nur das Lernen des Gelehrten, sondern auch die Inspiration des Dichters, das Genie des Malers, das Heldentum des Kriegers hängen vom Gedächtnis ab. Nein, sogar das Bewusstsein selbst könnte ohne Erinnerung nicht existieren, denn jeder Akt des Bewusstseins beinhaltet einen Wechsel von einem vergangenen Zustand in die Gegenwart, und wenn der vergangene Zustand in dem Moment verschwindet, in dem er vorbei ist, könnte es kein Bewusstsein der Veränderung geben. Daher kann man sagen, dass das Gedächtnis an jeder bewussten Existenz beteiligt ist - eine Eigenschaft jedes bewussten Wesens!"

Bei der Bildung von Charakter und Individualität spielt das Gedächtnis eine wichtige Rolle, denn von der Stärke der erhaltenen Eindrücke und der Festigkeit, mit der sie festgehalten werden, hängt die Faser des Charakters und der Individualität ab. Unsere Erfahrungen sind in der Tat die Sprungbretter zu größeren Errungenschaften und gleichzeitig unsere Führer und Beschützer vor Gefahren. Wenn uns die Erinnerung in dieser Hinsicht gut dient, ersparen wir uns den Schmerz, die Fehler der Vergangenheit zu wiederholen, und können auch davon profitieren, wenn wir uns an die Fehler anderer erinnern und sie so vermeiden. Wie Beattie sagt: "Wenn das Gedächtnis übernatürlich fehlerhaft ist, werden Erfahrung und Wissen in einem Missverhältnis zueinanderstehen, und unkluges Verhalten und absurde Ansichten sind die notwendige Folge". Bain sagt: "Ein Charakter, der einen schwachen Halt von bitterer Erfahrung oder echter Freude behält und nicht in der Lage ist, den Eindruck der Zeit hinterher wieder aufleben zu lassen, ist in Wirklichkeit das Opfer einer intellektuellen Schwäche unter dem Deckmantel einer moralischen Schwäche. Ständig eine realitätsgetreue Einschätzung der Dinge, die uns betreffen, vor Augen zu haben, ist eine wertvolle Voraussetzung dafür, dass unser Wille immer mit einem genauen Bezug auf unser Glück stimuliert wird. Der in dieser Hinsicht gründlich gebildete Mensch ist derjenige, der jederzeit die genaue Einschätzung dessen, was er genossen oder erlitten hat, von jedem Gegenstand, der ihn jemals betroffen hat, mit sich führen kann und der im Falle einer Begegnung dem Feind eine so starke Front präsentieren kann, als ob er unter dem echten Eindruck wäre. Eine vollständige und genaue Erinnerung, ob zum Vergnügen oder zum Schmerz, ist die intellektuelle Grundlage sowohl der Vorsicht gegenüber sich selbst als auch der Sympathie gegenüber den anderen".

Wir sehen also, dass die Kultivierung des Gedächtnisses weit mehr ist als die Kultivierung und Entwicklung eines einzelnen geistigen Vermögens - es ist die Kultivierung und Entwicklung unseres gesamten geistigen Wesens - die Entwicklung unseres Selbst.

Für viele Menschen haben die Worte Gedächtnis, Erinnerung und Rückbesinnung die gleiche Bedeutung, aber es gibt einen großen Unterschied in der genauen Schattierung der Bedeutung jedes Begriffs. Der Lernende dieses Buches sollte die Unterscheidung zwischen den Begriffen treffen, denn dadurch wird er die verschiedenen Punkte der hier gegebenen Ratschläge und Anweisungen besser erfassen können. Untersuchen wir diese Begriffe.

Locke hat in seinem gefeierten Werk, dem "Essay Concerning Human Understanding", den Unterschied zwischen der Bedeutung dieser verschiedenen Begriffe deutlich gemacht. Er sagt: "Die Erinnerung ist die Kraft, in unserem Geist jene Ideen wiederzubeleben, die nach der Prägung verschwunden sind oder aus dem Blickfeld geraten sind - wenn eine Idee wieder auftaucht, ohne dass das gleiche Objekt auf die äußeren Sinne wirkt, ist es Rückbesinnung; wenn sie vom Geist gesucht und mit Schmerz und Anstrengung gefunden und wieder in den Blickpunkt gebracht wird, ist es Erinnerung. Fuller sagt und kommentiert das: "Gedächtnis ist die Kraft, frühere Eindrücke oder Wahrnehmungen im Verstand zu reproduzieren. Rückbesinnung und Erinnerung sind die Ausübung dieser Macht, wobei erstere unfreiwillig oder spontan, letztere gewollt ist. Wir

10

erinnern uns, weil wir nicht anders können, sondern uns nur durch positive Anstrengung erinnern. Der Akt des Rückerinnerns, für sich genommen, ist unwillkürlich. Mit anderen Worten, wenn der Geist sich erinnert, ohne versucht zu haben, sich zu erinnern, handelt er spontan. So kann man im engen, gegensätzlichen Sinn der beiden Begriffe sagen, dass wir uns zufällig erinnern, aber durch die Absicht sich zu erinnern, und wenn das Bemühen erfolgreich ist, wird das, was sich reproduziert, durch die bloße Anstrengung, es hervorzubringen, fester im Geist verankert als je zuvor.

Aber die neue Psychologie unterscheidet sich ein wenig von der von Locke, wie oben beschrieben. Sie verwendet das Wort Gedächtnis nicht nur in seinem Sinne von "Die Macht der Wiederbelebung usw.", sondern auch im Sinne der Aktivitäten des Geistes, die dazu neigen, die verschiedenen Sinneseindrücke und die vom Geist erdachten Ideen zu empfangen und wegzuspeichern, damit sie danach freiwillig oder unfreiwillig reproduziert werden können. Die Unterscheidung zwischen Rückerinnern und Erinnern, wie sie von Locke getroffen wurde, wird von der Neuen Psychologie als richtig übernommen.

Es ist seit Langem anerkannt, dass das Gedächtnis in allen seinen Phasen durch intelligente Übungen entwicklungs-, kultur-, ausbildungs- und lernfähig ist. Wie jede andere Fähigkeit des Geistes, oder eines physischen Teils, Muskeln oder Gliedes, kann es verbessert und gestärkt werden. Aber bis vor einigen Jahren waren die gesamten Bemühungen dieser Gedächtnis-Entwickler auf die Stärkung jener Phase des Gedächtnisses gerichtet, die als "Erinnerung" bekannt ist und die, wie Sie sich erinnern werden, Locke als eine Idee oder einen Eindruck definierte, "die vom Verstand gesucht und mit Schmerz und Anstrengung gefunden und wieder ins Blickfeld gebracht wird". Die Neue Psychologie geht viel weiter als das. Während sie die am meisten verbesserten und wissenschaftlichen Methoden zur "Wiedererlangung" der Eindrücke und Ideen des Gedächtnisses aufzeigt, weist sie den Lernende auch in der Anwendung der richtigen Methoden an, wodurch das Gedächtnis mit klaren und deutlichen Eindrücken gespeichert werden kann, die danach natürlich und unwillkürlich in das Bewusstseinsfeld fließen, wenn der Geist über das zugehörige Thema oder den Gedankengang nachdenkt; und die auch durch eine freiwillige Anstrengung mit weit weniger Energieaufwand als unter den alten Methoden und Systemen "wiedererlangt" werden können. Sie werden sehen, dass diese Idee im Detail ausgeführt wird, während wir mit den verschiedenen Stufen des Themas in dieser Arbeit voranschreiten. Sie werden sehen, dass es zuerst darum geht, etwas zu finden, an das man sich erinnern kann; dann, dieses Ding klar und deutlich auf die rezeptiven Speicherstellen des Gedächtnisses aufzuprägen; dann, das Erinnern in Richtung der Herausgabe der gespeicherten Fakten des Gedächtnisses zu üben; dann, sich die wissenschaftlichen Methoden zur Wiedererlangung spezieller Erinnerungsstücke anzueignen, die zu einem bestimmten Zeitpunkt notwendig sein können. Dies ist die natürliche Methode der Gedächtniskultivierung, im Gegensatz zu den künstlichen Systemen, die in einem anderen Kapitel erwähnt werden. Es ist nicht nur die Entwicklung des Gedächtnisses, sondern auch die Entwicklung des Geistes selbst in mehreren seiner Regionen und Aktivitätsphasen. Es ist nicht nur eine Methode des Erinnerns, sondern auch eine Methode des richtigen Sehens, Denkens und Erinnerns. Diese Methode erkennt die Wahrheit des Verses des Dichters, des Papstes, der sagte: "Erinnerung und Besinnung, wie verbündet! Was dünne Trennwände von Gedanken trennen!"

KAPITEL II. DAS GEDÄCHTNIS VERBESSERN.

Dieses Buch ist mit der grundlegenden Absicht und Idee geschrieben, eine rationale und praktikable Methode aufzuzeigen, mit der das Gedächtnis entwickelt, trainiert und verbessert werden kann. Viele Menschen scheinen unter dem Eindruck zu stehen, dass Erinnerungen von der Natur in einem bestimmten Grad oder mit bestimmten Möglichkeiten gegeben sind und dass wenig mehr für sie getan werden kann - kurz gesagt, dass Erinnerungen geboren und nicht gemacht werden. Aber der Trugschluss einer solchen Vorstellung wird durch die Untersuchungen und Experimente aller führenden Autoritäten bewiesen, ebenso wie durch die Ergebnisse von Personen, die ihre eigenen Erinnerungen durch individuelle Anstrengung ohne die Hilfe eines Lehrers entwickelt und kultiviert haben. Aber all diese Verbesserungen müssen, um wirklich zu sein, entlang bestimmter natürlicher Linien und in Übereinstimmung mit den gut etablierten Gesetzen der Psychologie erfolgen, anstatt entlang künstlicher Linien und unter Missachtung psychologischer Prinzipien. Die Verbesserung des Gedächtnisses ist etwas ganz anderes als ein "Trickgedächtnis" oder geistige Zaubertricks, wenn der Begriff zulässig ist.

Kay sagt: "dass das Gedächtnis zu einer unbegrenzten Verbesserung fähig ist, daran kann man nicht zweifeln; aber was die Mittel betrifft, mit denen diese Verbesserung erreicht werden soll, so ist die Menschheit noch sehr unwissend. Dr. Noah Porter sagt: "Das natürliche im Gegensatz zum künstlichen Gedächtnis hängt von den Beziehungen der Sinne und den Beziehungen des Denkens ab, - das spontane Gedächtnis des Auges und des Ohres, das sich der offensichtlichen Verbindungen von Objekten bedient, die von Raum und Zeit geliefert werden, und das rationale Gedächtnis jener höheren Kombinationen, die die rationalen Fähigkeiten den niedrigeren überlagern. Das künstli-

13

che Gedächtnis schlägt vor, an die Stelle der natürlichen und notwendigen Beziehungen, unter denen sich alle Gegenstände präsentieren und anordnen müssen, eine völlig neue Reihe von Beziehungen zu setzen, die rein willkürlich und mechanisch sind und die nur wenig oder gar kein anderes Interesse wecken, als dass sie uns beim Erinnern helfen sollen. Daraus folgt, dass der Verstand, wenn er sich der besonderen Anstrengung unterzieht, die Objekte unter diesen künstlichen Beziehungen zu betrachten, weniger Aufmerksamkeit denjenigen schenken wird, die ein direktes und legitimes Interesse für sich selbst haben". Granville sagt: "Der Fehler der meisten Methoden, die zur Verbesserung des Gedächtnisses entwickelt und eingesetzt wurden, liegt darin, dass sie zwar dazu dienen, dem Verstand bestimmte Subjekte einzuprägen, aber das Gedächtnis als Ganzes nicht bereit oder aufmerksam machen. Fuller sagt: "Sicherlich kann eine künstliche Erinnerungsmethode für das natürliche Gedächtnis destruktiver sein als eine Brille für die Augen. Diese Meinungen der besten Autoritäten könnten sich unbegrenzt multiplizieren - der Konsens der besten Meinung ist entschieden gegen die künstlichen Systeme und für die natürlichen.

Natürliche Systeme der Erinnerungskultur basieren auf der grundlegenden Konzeption, die Helvetius vor einigen Jahrhunderten so gut ausgedrückt hat, als er sagte: "Das Ausmass des Gedächtnisses hängt erstens vom täglichen Gebrauch ab, den wir von ihm machen; zweitens von der Aufmerksamkeit, mit der wir die Gegenstände betrachten, die wir ihm aufprägen würden; und drittens von der Reihenfolge, in der wir unsere Ideen ordnen". Dies ist also die Liste der drei wesentlichen Elemente bei der Kultivierung des Gedächtnisses: (1) Gebrauch und Übung; Wiederholung und Übung; (2) Aufmerksamkeit und Interesse; und (3) intelligente Assoziation.

Sie werden feststellen, dass wir in den verschiedenen Kapiteln dieses Buches, die sich mit den verschiedenen Phasen des Gedächtnisses befassen, als erstes, letztes und immer wieder auf die Bedeutung der Nutzung und des Einsatzes des Gedächtnisses drängen, und zwar in der Art und Weise von Einsatz, Übung, Übung und Wiederholungsarbeit. Wie jedes andere geistige Vermögen oder jede andere körperliche Funktion neigt das Gedächtnis dazu, durch Nichtgebrauch zu verkümmern und sich durch rationale Übung und Einsatz im Rahmen der Mäßigung zu vergrößern, zu stärken und zu entwickeln. Man entwickelt einen Muskel durch Übung; man trainiert jedes spezielle geistige Vermögen auf die gleiche Weise; und man muss die gleiche Methode im Falle des Gedächtnisses verfolgen, wenn man es entwickeln möchte. Die Gesetze der Natur sind konstant und haben eine enge Analogie zueinander. Sie werden auch die große Betonung bemerken, die wir auf den Gebrauch des Aufmerksamkeitsvermögens legen, begleitet von Interesse. Durch Aufmerksamkeit erwerben Sie die Eindrücke, die Sie in Ihrer geistigen Erinnerungsdatei ablegen. Und der Grad der Aufmerksamkeit reguliert die Tiefe, Klarheit und Stärke des Eindrucks. Ohne eine gute Archivierung können Sie nicht erwarten, dass Sie eine gute Wiedergabe davon erhalten. Eine schlechte Tonaufnahme führt zu einer schlechten Wiedergabe, und die Regel gilt auch für das Gedächtnis. Sie werden auch feststellen, dass wir die Assoziationsgesetze und die Prinzipien, die das Thema regeln, sowie die Methoden, mit denen die richtigen Assoziationen gemacht werden können, erklären. Jede Assoziation, die Sie mit einer Idee oder einem Eindruck verschweißen, dient als Querverweis im Register, wodurch die Sache durch Erinnerung oder Rückbesinnung gefunden wird, wenn sie gebraucht wird. Wir machen Sie darauf aufmerksam, dass die gesamte Ausbildung eines Menschen in ihrer Wirksamkeit von diesem Assoziationsgesetz abhängt. Es ist ein wichtiges Merkmal in der rationalen Kultivierung des Gedächtnisses und gleichzeitig der Fluch der künstlichen Systeme. Natürliche Assoziationen erziehen, während künstliche dazu neigen, die Kräfte des Geistes zu schwächen, wenn man sie zu einer großen Leistung bringen will.

Es gibt keinen Königsweg zur Erinnerung. Die Kultivierung des Gedächtnisses hängt von der Praxis nach bestimmten wissenschaftlichen Kriterien ab, die den etablierten psychologischen Gesetzen entsprechen. Diejenigen, die auf eine sichere "Abkürzung" hoffen, werden enttäuscht werden, denn es gibt keine solche. Wie Halleck sagt: "Der Lernende sollte nicht enttäuscht sein, wenn er feststellt, dass das Gedächtnis keine Ausnahme von der Regel der Verbesserung durch richtige methodische und lang anhaltende Übung ist. Es gibt keinen königlichen Weg, keine Abkürzung, um entweder den Geist oder die Muskeln zu verbessern. Aber der Lernende, der die Regeln befolgt, die die Psychologie aufgestellt hat, mag wissen, dass er auf dem kürzesten Weg geht und nicht ziellos umherirrt. Wenn er diese Regeln befolgt, wird er viel schneller vorankommen als diejenigen ohne Karte, Kompass oder Pilot. Er wird Mnemotechniken (= Methoden zur Steigerung der Gedächtnisleistung durch Merkhilfen wie Eselsbrücken, Merksprüche und so weiter) finden, die nur sehr begrenzt einsetzbar sind. Die Verbesserung kommt durch geordnete Schritte. Methoden, die auf den ersten Blick blenden, bringen nie solide Ergebnisse."

Der Lernende wird aufgefordert, auf das zu achten, was wir in anderen Kapiteln des Buches zu den Themen Aufmerksamkeit und Assoziation sagen. Es ist nicht nötig, hier die Einzelheiten zu nennen, die wir dort erwähnen. Die Kultivierung der Aufmerksamkeit ist eine Voraussetzung für ein gutes Gedächtnis und Mangel in dieser Hinsicht bedeutet Mangel nicht nur auf dem Gebiet des Gedächtnisses, sondern auch auf dem allgemeinen Gebiet der geistigen Arbeit. In allen Zweigen der neuen Psychologie findet sich eine ständige Wiederholung der Aufforderung, die Aufmerksamkeits- und Konzentrationsfähigkeit zu kultivieren. Halleck sagt: "Wahrnehmungsunschärfe ist die Wurzel mancher schlechten Erinnerung. Ist die Wahrnehmung definitiv, ist der erste Schritt zur Sicherung eines guten Gedächtnisses getan. Ist der erste Eindruck lebhaft, ist die Wirkung auf die Gehirnzellen nachhaltiger. Alle Menschen sollten ihre Visualisierungskraft üben. Diese wird auf die Wahrnehmung reagieren und sie definitiver machen. Das Visualisieren wird auch eine Gewohnheit des Gehirns sein, sich an Dinge bildhaft und damit genauer zu erinnern."

Das Thema der Assoziation muss auch die ihm gebührende Aufmerksamkeit erhalten, denn durch die Assoziation können die weggespeicherten Archivierungen des Gedächtnisses wiederhergestellt oder wieder eingesammelt werden. Wie Blackie sagt: "Nichts hilft dem Geist so sehr wie Ordnung und Klassifizierung. Klassen sind wenige, Individuen viele: die Klasse gut zu kennen, bedeutet zu wissen, was am Charakter des Individuums am wesentlichsten ist und was das Gedächtnis am wenigsten belastet, um es zu behalten. Und wie Halleck über das Thema "Assoziation durch Beziehung" sagt: "Wann immer wir einen Zusammenhang zwischen Fakten entdecken können, ist es viel leichter, sich an sie zu erinnern. Das intelligente Gesetz des Gedächtnisses lässt sich in diesen Worten zusammenfassen: Versuche, jede neue geistige Errungenschaft mit einer alten in Verbindung zu bringen. Binden Sie neue Tatsachen an andere Tatsachen durch Beziehungen der Ähnlichkeit, Ursache und Wirkung, Ganzes und Teil oder durch irgendeine logische Beziehung, und wir werden feststellen, dass, wenn uns eine Idee einfällt, eine Menge verwandter Ideen in den Verstand fließen werden. Wenn wir eine Rede vorbereiten oder einen Artikel über ein Thema schreiben wollen, werden sich entsprechende Illustrationen anbieten. Die Person, deren Gedächtnis nur angrenzend ist, wird sich fragen, wie wir an sie denken."

In Ihrer Studie zur Kultivierung des Gedächtnisses haben Sie in Anlehnung an dieses Buch das erste Kapitel davon gelesen und sich gründlich darüber informiert, welche Bedeutung das Gedächtnis für den Einzelnen hat und welche große Rolle es für die gesamte Arbeit des Geistes spielt. Lesen Sie nun das dritte Kapitel sorgfältig durch und machen Sie sich mit den Möglichkeiten in Richtung auf die Kultivierung des Gedächtnisses in hohem Maße vertraut, wie die darin festgehaltenen Fälle des extremen Entwicklungsfalles belegen. Dann studieren Sie das Kapitel über Gedächtnissysteme und erkennen Sie, dass die einzig wahre Methode die natürliche Methode ist, die Arbeit, Geduld und Übung erfordert - dann entscheiden Sie sich, dass Sie diesem Plan so weit folgen werden, wie er Sie führt. Dann machen Sie sich mit dem Geheimnis des Gedächtnisses vertraut - der unterbewussten Region des Geistes, in der die Archivierungen des Gedächtnisses aufbewahrt, weggespeichert und indexiert werden und in der die kleinen Mentalbüro-Jungs eifrig bei der Arbeit sind. So erhalten Sie den Schlüssel zur Methode. Nehmen Sie dann die beiden Kapitel über Aufmerksamkeit bzw. Assoziation auf und machen Sie sich mit diesen wichtigen Prinzipien vertraut. Studieren Sie dann das Kapitel über die Phasen des Gedächtnisses und machen Sie eine mentale Bestandsaufnahme von sich selbst, um festzustellen, in welcher Phase des Gedächtnisses Sie am stärksten sind und in welcher Sie sich entwickeln müssen. Lesen Sie dann die beiden Kapitel über das Training von Auge und Ohr, bzw. - Sie brauchen diese Anleitung. Lesen Sie dann die verschiedenen Kapitel über das Training der speziellen Phasen des Gedächtnisses durch, ob Sie sie brauchen oder nicht - vielleicht finden Sie darin etwas Wichtiges. Dann lesen Sie das abschließende Kapitel, das Ihnen einige allgemeine Ratschläge und Abschiedsanweisungen gibt. Kehren Sie dann zu den Kapiteln zurück, die sich mit den speziellen Phasen des Gedächtnisses befassen, in denen Sie sich entschieden haben, sich zu entwickeln, und studieren Sie die Einzelheiten der Anleitung sorgfältig, bis Sie jeden Punkt kennen. Dann, das Wichtigste von allem, machen Sie sich an die Arbeit. Der Rest ist eine Frage der Übung, des Übens, des Übens und des Probierens. Gehen Sie von Zeit zu Zeit zu den Kapiteln zurück und erfrischen Sie Ihren Geist bezüglich der Details. Lesen Sie jedes Kapitel in Abständen nach. Machen Sie sich das Buch zu Ihrem eigenen, in jedem Sinne des Wortes, indem Sie seinen Inhalt aufnehmen.

KAPITEL III. BERÜHMTE FÄLLE VON ERINNERUNG.

Damit der Lernende das wunderbare Ausmaß der möglichen Entwicklung des Gedächtnisses erkennen kann, haben wir es für ratsam gehalten, eine Reihe von berühmten Fällen aus Vergangenheit und Gegenwart zu erwähnen. Dabei wollen wir diese Fälle nicht als nachahmenswert darstellen, denn sie sind außergewöhnlich und im Alltag nicht notwendig. Wir erwähnen sie lediglich, um zu zeigen, wie wunderbar eine Entwicklung in dieser Richtung möglich ist.

In Indien wurden die heiligen Bücher in der Vergangenheit dem Gedächtnis verpflichtet und von Lehrer zu Lernende weitergegeben, und zwar seit Ewigkeiten. Und selbst heute ist es nicht ungewöhnlich, dass der Lernende in der Lage ist, Wort für Wort ein umfangreiches religiöses Werk zu wiederholen, das in seinem Umfang dem Neuen Testament entspricht. Max Muller stellt fest, dass der gesamte Text und das Glossar von Paninis Sanskrit-Grammatik, die in ihrem Umfang der gesamten Bibel entsprechen, mehrere Jahrhunderte lang mündlich überliefert wurden, bevor man sich dem Schreiben widmete. Es gibt heute Brahmanen, die sich dem Gedächtnis verpflichtet haben und nach Belieben die gesamte Sammlung religiöser Gedichte, bekannt als Mahabharata, bestehend aus über 300.000 Slokas oder Versen, wiederholen können. Leland stellt fest, dass "die slawonischen Spielleute der Gegenwart mit bemerkenswerter Genauigkeit unermesslich lange epische Gedichte auswendig können. Ich habe dasselbe bei den Algonquin-Indianern gefunden, deren Sagen oder mythische Legenden unendlich lang sind, und doch Wort für Wort einer großen Genauigkeit verpflichtet sind. Ich habe in England von einer neunzigjährigen Dame gehört, deren Gedächtnis wundersam war und von der außergewöhnliche Fälle von ihren Freunden erzählt werden. Sie schrieb es der Tatsache zu, dass sie in ihrer Jugend dazu gebracht worden war, jeden Tag einen Vers aus der Bibel zu lernen und ihn dann ständig zu überprüfen. Als ihr Gedächtnis sich verbesserte, lernte sie mehr, und das Ergebnis war, dass sie am Ende jeden Vers oder jedes Kapitel aus dem Gedächtnis wiederholen konnte, der in der Schrift erwähnt wurde.

Es wird erzählt, dass Mithridates, der alte Kriegerkönig, den Namen jedes Soldaten in seiner großen Armee kannte und sich fließend in zweiundzwanzig Dialekten unterhielt. Plinius erzählt, dass Charmides den Inhalt jedes Buches in seiner großen Bibliothek wiederholen konnte. Hortensius, der römische Redner, hatte ein bemerkenswertes Gedächtnis, das es ihm ermöglichte, die genauen Worte der Argumentation seines Gegners zu behalten und sich an sie zu erinnern, ohne eine einzige Notiz zu machen. Mit einer Wette nahm er an einer großen Auktion teil, die einen ganzen Tag lang dauerte, und rief dann in der richtigen Reihenfolge jeden verkauften Gegenstand, den Namen des Käufers und den Preis ab. Seneca soll die Fähigkeit erworben haben, sich mehrere Tausend Eigennamen zu merken und sie in der Reihenfolge zu wiederholen, in der sie ihm gegeben wurden, und auch die Reihenfolge umzukehren und die Liste rückwärts abzurufen. Er vollbrachte auch das Kunststück, mehreren Hundert Personen zuzuhören, von denen jede ihm einen Vers gab; er lernte denselben auswendig, wie sie ihm vorgegeben wurden; und dann wiederholte er sie Wort für Wort in der genauen Reihenfolge ihrer Übergabe - dann kehrte er den Vorgang um, mit vollem Erfolg. Eusebius erklärte, dass nur die Erinnerung an Esdras die hebräischen Schriften für die Welt rettete, denn als die Chaldäer die Manuskripte vernichteten, konnte Esdras sie wiederholen, Wort für Wort an die Schreiber weitergeben, die sie dann aufzeichneten. Die moslemischen Gelehrten sind in der Lage, den gesamten Text des Korans buchstabengetreu zu wiederholen. Scaliger hat den gesamten Text der Ilias und der Odyssee innerhalb von drei Wochen übermittelt. Ben Jonson soll in der Lage gewesen sein, alle seine eigenen Werke aus dem Gedächtnis zu wiederholen, mit der größten Leichtigkeit.

20

Bulwer konnte die Oden des Horaz aus dem Gedächtnis wiederholen. Pascal konnte die gesamte Bibel von Anfang bis Ende wiederholen und sich an jeden beliebigen Absatz, jeden Vers, jede Zeile oder jedes Kapitel erinnern. Landor soll ein Buch gelesen haben, aber einmal, als er es veräußerte, es seinem Gedächtnis eingeprägt haben, um es, wenn nötig, Jahre später wieder abzurufen. Byron konnte alle seine eigenen Gedichte vortragen. Buffon konnte seine Werke von Anfang bis Ende wiederholen. Bryant besaß die gleiche Fähigkeit, seine eigenen Werke zu wiederholen. Bischof Saunderson konnte den größten Teil von Juvenal und Perseus, ganz Tully und ganz Horace wiederholen. Fedosova, eine russische Bäuerin, konnte über 25.000 Gedichte, Volkslieder, Legenden, Märchen, Kriegsgeschichten usw. wiederholen, als sie über siebzig Jahre alt war. Die gefeierte "Blinde Alick", eine alte schottische Bettlerin, konnte jeden geforderten Bibelvers wiederholen, ebenso wie den gesamten Text aller Kapitel und Bücher. Die Zeitungen enthielten vor einigen Jahren die Berichte eines Mannes namens Clark, der in New York City lebte. Er soll seit der ersten Wahl in jedem Bundesstaat der Union die genaue Zahl der Präsidentschaftswahlen angeben können. Er konnte die Bevölkerung in jeder Stadt jeder Größe der Welt entweder in der Gegenwart oder in der Vergangenheit angeben, vorausgesetzt, es gab eine entsprechende Archivierung. Er konnte stundenlang Shakespeare zitieren, beginnend an jedem beliebigen Punkt in jedem Stück. Er konnte den gesamten Text der Ilias im griechischen Original rezitieren.

Der historische Fall des namenlosen Holländers ist allen Lernenden des Gedächtnisses bekannt. Dieser Mann soll in der Lage gewesen sein, eine frische Zeitung aufzunehmen, sie ganz durchzulesen, einschließlich der Anzeigen, und dann ihren Inhalt Wort für Wort von Anfang bis Ende zu wiederholen. Einmal soll er Wunder über Wunder vollbracht haben, indem er den Inhalt der Zeitung rückwärts wiederholte, beginnend mit dem letzten Wort und endend mit dem ersten. Lyon, der englische Schauspieler, soll dieses Kunststück mit Hilfe einer großen Londoner Zeitung und unter Einbeziehung der Marktnotierungen, der Berichte über die Debatten im Parlament, der Fahrpläne der Eisenbahnen und der Werbung wiederholt haben. Ein Londoner Kellner soll ein ähnliches Kunststück vollbracht haben, indem er bei einer Wette den Inhalt einer achtseitigen Zeitung auswendig lernte und korrekt wiederholte. Eines der bemerkenswertesten Beispiele für ein außergewöhnliches Gedächtnis, das die Geschichte kennt, ist das des Kindes Christian Meinecken. Als er weniger als vier Jahre alt war, konnte er die gesamte Bibel, zweihundert Hymnen, fünftausend lateinische Wörter und viel kirchliche Geschichte, Theorie, Dogmen, Argumente und eine enzyklopädische Menge theologischer Literatur wiederholen. Man sagt, dass er praktisch jedes Wort, das ihm vorgelesen wurde, beibehalten hat. Sein Fall war anormal, und er starb in einem frühen Alter.

John Stuart Mill soll sich im Alter von drei Jahren gute Griechischkenntnisse angeeignet haben und im Alter von acht Jahren Hume, Gibbon und andere Historiker auswendig gelernt haben. Kurz darauf beherrschte und lernte er Herodot, Xenophon, einige von Sokrates und sechs von Platons "Dialogen" auswendig. Richard Porson soll den gesamten Text von Homer, Horaz, Cicero, Virgil, Livy, Shakespeare, Milton und Gibbon auswendig gelernt haben. Er soll in der Lage gewesen sein, jeden gewöhnlichen Roman bei einer sorgfältigen Lektüre auswendig zu lernen; und er soll mehrmals das Kunststück vollbracht haben, den gesamten Inhalt einiger englischer Monatsrezensionen auswendig zu lernen. De Rossi war in der Lage, das Kunststück zu vollbringen, hundert Zeilen aus jedem der vier großen italienischen Dichter zu wiederholen, vorausgesetzt, man gab ihm eine Zeile nach dem Zufallsprinzip aus ihren Werken - seine hundert Zeilen folgen unmittelbar auf die gegebene Zeile. Natürlich erforderte dieses Kunststück das Auswendiglernen des gesamten Werkes dieser Dichter und die Fähigkeit, die Wiederholung von jedem beliebigen Punkt aus aufzunehmen, wobei letztere Eigenschaft ebenso bemerkenswert ist wie die erste. Es gab Fälle, in denen Drucker in der Lage waren, Bücher, deren Typus sie festgelegt hatten, Wort für Wort zu wiederholen. Professor Lawson war in der Lage, seine Vorlesungen über die Heilige Schrift zu unterrichten, ohne sich auf das Buch zu beziehen. Er behauptete, wenn der gesamte Bibelsatz zerstört würde, könnte er das Buch als Ganzes aus seinem Gedächtnis wiederherstellen.

Pastor Thomas Fuller soll in der Lage gewesen sein, eine lange Londoner Straße entlang zu gehen, die Namen der Zeichen auf beiden Seiten zu lesen, sie dann in der Reihenfolge, in der sie gesehen wurden, wieder aufzurufen und dann die Reihenfolge umzukehren. Es gibt viele Fälle von Personen, die sich die Worte jeder bekannten Sprache der Zivilisation sowie eine große Anzahl von Dialekten, Sprachen und Zungen der wilden Rassen gemerkt haben. Bossuet hatte die gesamte Bibel auswendig gelernt, und daneben Homer, Horaz und Virgil. Der Historiker Niebuhr war einst in einem Regierungsbüro angestellt, dessen Archivierungen vernichtet wurden. Er stellte daraufhin den gesamten Inhalt des Buches der Aufzeichnungen, das er geschrieben hatte, wieder her - alles aus seinem Gedächtnis. Asa Gray kannte die Namen von zehntausend Pflanzen. Milton hatte einen Wortschatz von zwanzigtausend Wörtern und Shakespeare einen von fünfundzwanzigtausend. Cuvier und Agassiz sollen Listen von mehreren Tausend Tierarten und -sorten auswendig gelernt haben. Magliabechi, der Bibliothekar von Florenz, soll den Standort jedes einzelnen Bandes der großen Bibliothek, für die er verantwortlich war, gekannt haben; und die vollständige Liste der Werke in bestimmten Bereichen in allen anderen großen Bibliotheken. Er behauptete einmal, dass er in der Lage war, Titel von über einer halben Million Bücher in vielen Sprachen und zu vielen Themen zu wiederholen.

In fast allen Lebensbereichen finden sich Menschen mit wunderbar entwickelten Erinnerungen, die sich entlang der Ausrichtung ihres Berufes entwickelt haben. Bibliothekare besitzen diese Fähigkeit in einem ungewöhnlichen Ausmaß. Auch die Facharbeiter in den feineren Herstellungslinien haben ein wunderbares Gedächtnis für die kleinen Teile des hergestellten Artikels etc. Bankangestellte haben ein wunderbares Gedächtnis für Namen und Gesichter. Einige Anwälte können sich an Fälle erinnern, die in den Behörden zitiert wurden, Jahre nachdem sie sie gelesen haben. Die vielleicht häufigsten und doch bemerkenswertesten Beispiele für das Auswendiglernen in der täglichen Arbeit sind die Fälle des Theaterberufs. In einigen Fällen müssen die Mitglieder von Theatergesellschaften nicht nur den Text des Stücks, das sie gerade spielen, wiederholen können, sondern auch den, den sie für die nächste Woche proben, und möglicherweise den der zweiten Woche. Und in Repertoirefirmen wird von den Schauspielern verlangt, dass sie in einem Dutzend oder mehr Stücken "buchstabengetreu" sind - sicher eine wunderbare Leistung, und doch eine so übliche, dass sie nicht angekündigt wird.

In einigen der gefeierten Fälle ist der Grad der manifestierten Erinnerung zweifellos anormal, aber in der Mehrzahl der Fälle kann man sehen, dass das Ergebnis nur durch die Anwendung natürlicher Methoden und beharrlicher Übung erreicht wurde. Dass wunderbare Erinnerungen von jedem erworben werden können, der sich der Aufgabe mit Geduld, Zeit und Arbeit widmet, ist eine Tatsache, die von allen Studenten des Faches allgemein anerkannt wird. Es ist keine Gabe, sondern etwas, das man durch Mühe und Arbeit nach wissenschaftlichen Gesichtspunkten gewinnen kann.

KAPITEL IV. GEDÄCHTNISSYSTEME.

Das Thema der Gedächtnisentwicklung ist keineswegs neu. Seit mindestens zweitausend Jahren wird über dieses Thema viel nachgedacht, viele Bücher wurden daraufhin geschrieben und viele Methoden oder "Systeme" erfunden, deren Zweck das künstliche Training des Gedächtnisses war. Anstatt sich zu bemühen, das Gedächtnis durch wissenschaftliche Schulung und rationale Praxis zu entwickeln und nach natürlichen Vorbildern zu trainieren, scheint es immer die Idee gegeben zu haben, dass man die Methoden der Natur verbessern könnte, und dass man durch irgendeinen "Trick" das Gedächtnis lehren könnte, seine verborgenen Schätze zu verraten. Das Gesetz der Assoziation wurde in den meisten dieser Systeme verwendet, oft in einem lächerlichen Ausmaß. Es wurden fantasievolle Systeme aufgebaut, die alle künstlich in ihrem Charakter und ihrer Natur sind, deren Gebrauch in irgendeinem Ausmaß darauf berechnet ist, eine Verminderung der natürlichen Kräfte der Erinnerung und des Gedächtnisses zu bewirken, so wie bei natürlichen "Hilfen" für das physische System immer eine Verminderung der natürlichen Kräfte festgestellt wird. Die Natur erledigt ihre Arbeit am liebsten selbst ohne Hilfe. Sie mag trainiert, geführt, gelenkt und eingespannt werden, aber sie besteht darauf, die Arbeit selbst zu tun oder die Aufgabe fallen zu lassen. Das Prinzip der Assoziation ist ein wichtiges Prinzip, das Teil des natürlichen Gedächtnistrainings ist und so genutzt werden sollte. Aber wenn es in vielen künstlichen Systemen zum Einsatz kommt, ist das Ergebnis die Errichtung eines komplexen und unnatürlichen mentalen Mechanismus, der nicht mehr eine Verbesserung der natürlichen Methoden darstellt, als ein Holzbein eine Verbesserung des ursprünglichen Gliedes. Es gibt viele Punkte in einigen dieser "Systeme", die beim natürlichen Gedächtnistraining vorteilhaft eingesetzt werden können, indem sie von ihren fantasiereichen Regeln und ihrer komplexen Ausgestaltung getrennt werden. Wir bitten Sie, die Liste der wichtigsten "Systeme" mit uns durchzugehen, damit Sie das nutzlose Material als solches erkennen und das Wertvolle für Ihren eigenen Gebrauch auswählen können.

Die alten Griechen waren von Gedächtnissystemen begeistert. Simonides, der griechische Dichter, der etwa 500 v. Chr. lebte, war eine der frühen Autoritäten, und sein Werk hat fast alle der vielen Erinnerungssysteme, die seit dieser Zeit entstanden sind, beeinflusst. Es gibt eine romantische Geschichte, die mit der Gründung seines Systems verbunden ist. Es wird erzählt, dass der Dichter bei einem großen Bankett anwesend war, an dem einige der wichtigsten Männer des Ortes teilnahmen. Er wurde durch eine Nachricht von zu Hause gerufen und ging vor dem Ende des Essens. Kurz nachdem er gegangen war, stürzte die Decke des Bankettsaals auf die Gäste, tötete alle Anwesenden im Raum und verstümmelte ihre Körper so schrecklich, dass ihre Freunde sie nicht mehr erkennen konnten. Simonides, der ein gut entwickeltes Gedächtnis für Orte und Positionen hatte, konnte sich an die genaue Reihenfolge erinnern, in der jeder Gast Platz genommen hatte, und so bei der Identifizierung der Überreste helfen. Dieses Ereignis beeindruckte ihn so sehr, dass er ein auf der Idee der Position basierendes Erinnerungssystem entwickelte, das in Griechenland große Popularität erlangte und von den führenden Schriftstellern der damaligen Zeit sehr empfohlen wurde.

Das System von Simonides basierte auf der Idee der Position - es war bekannt als "das aktuelle System". Seinen Lernenden wurde gelehrt, sich im Geist ein großes Gebäude vorzustellen, das in Abschnitte und dann in Räume, Säle usw. unterteilt war. Das, woran man sich erinnern sollte, wurde "visualisiert", indem man einen bestimmten Raum oder Platz in diesem Gebäude einnahm, wobei die Gruppierung nach Assoziation und Ähnlichkeit vorgenommen wurde. Wenn man die Dinge ins Bewusstsein zurückrufen wollte, musste man nur das geistige Gebäude visualisieren und dann eine imaginäre Reise von

Raum zu Raum machen und die verschiedenen Dinge so abrufen, wie sie platziert worden waren. Die Griechen hielten sehr viel von diesem Plan, und es wurden viele Variationen davon verwendet. Cicero sagte: "Diejenigen, die das Gedächtnis verbessern wollen, müssen sich auf bestimmte Orte fixieren, und von den Dingen, die sie im Gedächtnis behalten wollen, müssen Symbole im Geist erdacht und sozusagen an diesen Orten angeordnet werden; so würde die Ordnung der Orte die Ordnung der Dinge bewahren, und die Symbole der Dinge würden die Dinge selbst bezeichnen; so dass wir die Orte als Wachstafeln und die Symbole als Buchstaben verwenden sollten. Quintillian rät den Lernenden, "in ihrem Geist Orte von größtmöglichem Ausmaß zu fixieren, die durch eine beträchtliche Vielfalt diversifiziert sind, wie zum Beispiel ein großes Haus, das in viele Wohnungen aufgeteilt ist. Was auch immer darin bemerkenswert ist, wird sorgfältig in den Geist eingeprägt, sodass der Gedanke ohne Zögern oder Verzögerung über jeden Teil davon laufen kann ... Orte, die wir haben müssen, entweder erdacht oder ausgewählt, und Bilder oder Symbole, die wir nach Belieben erfinden können. Diese Symbole sind Zeichen, an denen wir die Einzelheiten, die wir auswendig lernen müssen, erkennen können."

Viele moderne Systeme wurden auf dem Fundament von Simonides errichtet und in einigen Fällen wurden den Studenten hohe Preise "für das Geheimnis" berechnet. Der folgende Abriss von Kay gibt das "Geheimnis" vieler hochpreisiger Systeme dieser Klasse wieder: "Wähle eine Anzahl von Räumen und teile die Wände und den Boden jedes Raumes in der Vorstellung in neun gleiche Teile oder Quadrate, drei in einer Reihe. An der Vorderwand - also gegenüber dem Eingang des ersten Raumes - befinden sich die Einheiten, an der rechten Wand die Zehner, an der linken Wand die Zwanziger, an der vierten Wand die Dreißiger und auf dem Boden die Vierziger. Die Nummern 10, 20, 30 und 40 finden jeweils einen Platz auf dem Dach über ihren jeweiligen Wänden, während die 50 die Mitte des Raumes einnimmt. Ein Raum wird also 50 Plätze bieten, zehn Zimmer sogar 500. Nachdem diese im Geist klar festgelegt sind, um die Position jedes Platzes oder jeder Zahl sofort und genau bestimmen zu können, ist es notwendig, jedem von ihnen einen vertrauten Gegenstand (oder ein Symbol) zuzuordnen, sodass man sich sofort an den angedeuteten Ort erinnern kann, oder wenn der Ort vor dem Geist liegt, kann sein Objekt sofort auftauchen. Wenn dies gründlich gemacht wurde, können die Objekte in beliebiger Reihenfolge von Anfang bis Ende oder von Ende bis Anfang überfahren werden, oder es kann sofort der Ort eines bestimmten Objekts angegeben werden. Alles, was weiter notwendig ist, ist die Ideen, die wir uns erinnern wollen, mit den Objekten an den verschiedenen Orten zu verbinden, wodurch sie leicht zu merken sind und in beliebiger Reihenfolge überfahren werden können. Auf diese Weise kann man lernen, mehrere Hundert unzusammenhängende Wörter oder Ideen in beliebiger Reihenfolge zu wiederholen, nachdem man sie nur einmal gehört hat. Wir halten es nicht für notwendig, im Detail zu argumentieren, dass dieses System in hohem Maße künstlich und schwerfällig ist. Während die Idee der "Position" zu einem gewissen Vorteil eingesetzt werden kann, um mehrere miteinander verbundene Fakten, Ideen oder Worte im Gedächtnis zu gruppieren, ist die Idee, einen Prozess wie den oben genannten in den gewöhnlichen Angelegenheiten des Lebens einzusetzen, dennoch lächerlich, und jedes System, das darauf basiert, hat nur einen Wert als Kuriosität oder eine geistige akrobatische Leistung.

Ähnlich wie das oben Gesagte ist die Idee, die vielen anderen "Systemen" und "geheimen Methoden" zugrunde liegt - die Idee der Kontiguität, bei der Worte durch fantasievolle Verbindungsglieder aneinandergereiht werden. Feinagle beschreibt diese Grundidee oder dieses Prinzip wie folgt: "Die Erinnerung an sie wird durch die Assoziation einer Idee der Beziehung zwischen den beiden unterstützt; und wie wir durch die Erfahrung feststellen, dass alles, was lächerlich ist, so berechnet ist, dass es einen starken Eindruck auf den Verstand macht, je lächerlicher die Assoziation ist, desto besser. Die Systeme, die auf dieser Idee basieren, können verwendet werden, um eine lange Reihe von unzusammenhängenden Wörtern und ähnlichen Dingen zu wiederholen, aber sie haben nur wenig praktischen Wert, ungeachtet der hohen Preise, die dafür verlangt werden. Sie dienen lediglich als Kuriositäten oder als Methoden, um "Tricks" zur Belustigung der Freunde zu vollführen. Dr. Kothe, ein deutscher Lehrer, gründete um die Mitte des neunzehnten Jahrhunderts diese letzte Schule für Gedächtnistraining, seine Ideen dienten seither vielen Lehrern von hochpreisigen "Systemen" oder "Geheimmethoden" als Grundlage. Die obige Beschreibung von Feinagle gibt den Schlüssel zu dem angewandten Prinzip. Die Funktionsweise des Prinzips wird durch die Verwendung von "Zwischenprodukten" oder "Korrelativen", wie sie genannt werden, erreicht; die Worte "Schornstein" und "Blatt" wären beispielsweise wie folgt verbunden: "Schornstein-Rauch-Holz-Baum-Blatt".

Dann gibt es Systeme oder Methoden, die auf dem alten Prinzip des "Figurenalphabets" basieren, bei denen man sich Daten merken lernt, indem man sie mit Buchstaben oder Wörtern verbindet. Einer der Lehrer dieser Systemklasse wünschte sich zum Beispiel, dass sich seine Lernende das Jahr 1480 durch das Wort "BiG RaT", die Großbuchstaben, die die Zahlen in der Jahreszahl darstellen, merken sollten. Ein Kommentar ist überflüssig!

Der Lernende wird feststellen, dass fast alle "Systeme" oder "Geheimmethoden", die in "Kursen" zum Verkauf angeboten werden, oft zu einem sehr hohen Preis, lediglich Variationen, Verbesserungen oder Kombinationen der drei oben genannten Formen künstlicher Methoden sind. An diesen alten Plänen wird ständig gearbeitet; neue Melodien werden auf den gleichen alten Instrumenten gespielt; neue Glockenspiele erklingen von den gleichen alten Glocken. Und das Ergebnis ist immer dasselbe, in diesen Fällen Enttäuschung und Ekel. Es gibt ein paar natürliche Systeme auf dem Markt, die fast alle Informationen und Anweisungen enthalten, die den Preis wert sind, zu dem sie verkauft werden. Was die anderen angeht - nun, urteilen Sie selbst, nachdem Sie sie gekauft haben, wenn Sie es wünschen.

Zu diesen künstlichen und fantasievollen Systemen sagt Kay: "Alle diese Systeme zur Verbesserung des Gedächtnisses gehören zu dem, was wir als die erste oder niedrigste Form davon betrachtet haben. Sie basieren zum größten Teil auf leichten oder törichten Assoziationen, die in der Natur wenig begründet und daher von geringem praktischen Nutzen sind; und sie neigen nicht dazu, das Gedächtnis als Ganzes zu verbessern oder zu stärken. Bacon sagt, dass diese Systeme "unfruchtbar und nutzlos" sind, und fügt hinzu: "Denn sofort eine Vielzahl von Namen oder Wörtern zu wiederholen, wenn sie schon einmal wiederholt wurden, schätze ich nicht mehr als Seiltanz, verrückte Körperverrenkungen und Taten; und in der Tat sind es fast dieselben Dinge, das eine ist der Missbrauch des Körpers, das andere der geistigen Kräfte; und obwohl sie Bewunderung hervorrufen können, können sie nicht hoch geschätzt werden. Und wie eine andere Autorität gesagt hat: "Die Systeme der Mnemotechnik, wie sie gelehrt wurden, sind nicht besser als Krücken, nützlich für diejenigen, die nicht gehen können, aber Hindernisse und Hemmnisse für diejenigen, die ihre Gliedmaßen benutzen können und die sie nur richtig ausüben müssen, um den vollen Nutzen daraus ziehen zu können.

In dieser Schrift soll nicht versucht werden, eines dieser "Tricksysteme" zu lehren, die der Schüler zur Belustigung seiner Freunde vorführen kann. Stattdessen soll nur die Fähigkeit entwickelt werden, Eindrücke aufzunehmen, sie im Gedächtnis zu speichern und sie nach Belieben natürlich und leicht zu reproduzieren. Die Abläufe des natürlichen geistigen Handelns werden durchgehend befolgt. Die Idee dieser Schrift besteht nicht darin, zu lehren, wie man "Gedächtnisleistungen" vollbringen kann, sondern vielmehr in der intelligenten und praktischen Anwendung des Gedächtnisses in den Angelegenheiten des täglichen Lebens und der Arbeit.

KAPITEL V. DIE UNTERBEWUSSTE ARCHIVIERUNG IM GEDÄCHTNIS.

Die alten Schriftsteller zu diesem Thema betrachteten das Gedächtnis gewöhnlich als eine separate Fähigkeit des Geistes, aber diese Idee verschwand durch die fortschreitende Flut von Erkenntnissen, die zur Annahme der Konzeption führte, die heute als die neue Psychologie bekannt ist. Diese neue Konzeption erkennt die Existenz einer riesigen "unbewussten" Region des Verstandes an, von der eine Phase als das Unterbewusstsein oder das unterbewusste Feld der mentalen Aktivitäten bekannt ist. In diesem Feld der Mentalität haben die Aktivitäten des Gedächtnisses ihren Sitz. Eine sorgfältige Betrachtung des Themas bringt die Gewissheit, dass die gesamte Arbeit des Gedächtnisses in dieser unterbewussten Region des Verstandes ausgeführt wird. Erst wenn die unterbewusste Archivierung im Bewusstseinsfeld dargestellt wird und die Erinnerung oder das Gedächtnis entsteht, kommt die gespeicherte Idee oder der Eindruck aus der unterbewussten Region heraus. Das Verständnis dieser Tatsache vereinfacht das gesamte Thema des Gedächtnisses und ermöglicht uns, Pläne und Methoden zu perfektionieren, mit denen das Gedächtnis durch die Ausrichtung der unterbewussten Aktivitäten mithilfe der bewussten Fähigkeiten und des Willens entwickelt, verbessert und trainiert werden kann.

Hering sagt: "Das Gedächtnis ist nicht nur eine Fähigkeit unserer bewussten Zustände, sondern auch und noch viel mehr unserer unbewussten Zustände". Kay sagt: "Es ist unmöglich, die wahre Natur des Gedächtnisses zu verstehen oder es richtig zu trainieren, es sei denn, wir haben eine klare Vorstellung davon, dass es vieles im Geist gibt, dessen wir uns nicht bewusst sind ... Die höchste Form des Gedächtnisses ist, wie von allen geistigen Kräften, das Unbewusste - wenn das, was wir abrufen wollen, spontan zu uns kommt, ohne bewusste Gedan-

31

ken oder der Suche danach. Häufig, wenn wir uns an etwas erinnern wollen, das vorher im Verstand war, können wir es durch eine bewusste Willensanstrengung nicht tun; aber wir wenden die Aufmerksamkeit auf etwas anderes, und nach einer Zeit kommt die gewünschte Information spontan, und zwar wenn wir nicht bewusst daran denken". Carpenter sagt: "Unter dem Bewusstsein arbeitet ein Mechanismus, der, wenn er einmal in Gang gesetzt wurde, von selbst weiterläuft, und der eher das gewünschte Ergebnis entwickelt, wenn die bewusste Aktivität des Geistes in eine ganz andere Richtung ausgeübt wird.

Diese unterbewusste Region des Verstandes ist die große Archivierungsdatei von allem, was wir je erlebt, gedacht oder gewusst haben. Alles wird dort aufgezeichnet. Die besten Autoritäten sind sich jetzt im Allgemeinen einig, dass es so etwas wie ein absolutes Vergessen selbst des kleinsten Eindrucks nicht gibt, ungeachtet der Tatsache, dass wir uns vielleicht nicht daran erinnern können, wegen seiner Schwäche oder des Fehlens der damit verbundenen "Indizierung". Es wird angenommen, dass alles in dieser unbewussten Indexdatei zu finden ist, wenn es uns nur gelingt, seinen Platz zu finden. Kay sagt: "Auf die gleiche Weise glauben wir, dass jeder Eindruck oder Gedanke, der einmal im Bewusstsein war, immer danach im Geist eingeprägt bleibt. Er wird vielleicht nie wieder im Bewusstsein auftauchen, aber er wird zweifellos in diesem riesigen unterbewussten Bereich des Verstandes bleiben und unsere nachfolgenden Gedanken und Handlungen unbewusst formen und gestalten. Es ist nur ein kleiner Teil dessen, was im Verstand existiert, in uns bewusst. Es ist immer viel bekannt, was im Verstand existiert, das unbewusst in existiert und irgendwo gespeichert sein muss. Wir mögen in der Lage sein, Unbewusstes ins Bewusstsein zurückzurufen, wenn wir es wünschen; aber zu anderen Zeiten ist sich der Verstand seiner Existenz nicht bewusst. Außerdem muss die Erfahrung jedem sagen, dass es in seinem Verstand vieles gibt, an das er sich nicht immer erinnern kann, wenn er es vielleicht wünscht, dass er sich nur nach einer mühsamen Suche erinnern kann, oder dass er in dem Augenblick vielleicht vergeblich sucht, was ihm aber danach einfällt, wenn er an etwas anderes denkt. Wiederum, an vieles, an das wir uns wahrscheinlich nie erinnern würden, oder das uns unter normalen Umständen nicht wieder einfallen würde, taucht in unserem Bewusstsein auf, wenn es von Anderen erwähnt wird. In einem solchen Fall muss noch eine Spur oder ein Stückchen davon im Verstand geblieben sein, bevor wir erkennen konnten, dass es schon einmal da gewesen ist".

Morell sagt: "Wir haben allen Grund zu glauben, dass die geistige Kraft, wenn sie einmal hervorgerufen wird, der Analogie von allem, was wir im materiellen Universum sehen, immer folgt. Jede einzelne Anstrengung des Geistes ist eine Schöpfung, die nie wieder in die Nicht-Existenz zurückkehren kann. Es mag in den Tiefen des Vergessens schlummern, wie Licht und Wärme in den Kohleflözen schlummern, aber da ist es, bereit, auf Geheiß eines angemessenen Reizes, aus der Dunkelheit wieder ins Licht des Bewusstseins zu kommen". Beattie sagt: "Was längst vergessen ist, ja, was wir oft vergeblich versucht haben, wieder zu erinnern, wird uns manchmal ohne unsere Anstrengung plötzlich und, wenn ich so sagen darf, von selbst einfallen. Hamilton sagt: "Der Verstand enthält oft ganze Wissenssysteme, die, obwohl sie in unserem normalen Zustand in absolutes Vergessen versunken sind, in bestimmten anormalen Zuständen, wie Wahnsinn, Delirium, Schlafwandeln, Katalepsie usw., leuchtend im Bewusstsein aufblitzen können ... Es gibt zum Beispiel Fälle, in denen das erloschene Gedächtnis ganzer Sprachen plötzlich wieder hergestellt wurde". Lecky sagt: "Es ist jetzt völlig erwiesen, dass eine Vielzahl von Ereignissen, die so völlig vergessen sind, dass keine Anstrengung des Willens sie wiederbeleben kann, und dass ihre Aussage keine Erinnerungen aufruft, dennoch sozusagen in die Erinnerung eingebettet sein kann und unter bestimmten physischen Bedingungen mit intensiver Lebendigkeit wiedergegeben werden kann.

Als Beweis dafür geben die Autoritäten viele in wissenschaftlichen Annalen festgehaltene Fälle an. Coleridge erzählt den bekannten Fall der alten Frau, die weder lesen noch schreiben konnte, die im Fieberwahn ununterbrochen lange Passagen aus dem Lateinischen, Griechischen und Hebräischen in sehr pompösen Tönen rezitierte, mit einer deutlichen Aussprache und präzisen Wiedergabe. Notizen über ihr Geschwätz wurden stenographiert und riefen viel Verwunderung hervor, bis man später herausfand, dass sie in ihrer Jugend als Dienerin im Haus eines Geistlichen angestellt war, der die Gewohnheit hatte, in seinem Arbeitszimmer auf und ab zu gehen und von seinen klassischen und religiösen Lieblingsschriftstellern vorzulesen. In seinen Büchern wurden markierte Passagen gefunden, die den Notizen aus den Erzählungen des Mädchens entsprachen. Ihr Unterbewusstsein hatte die Geräusche dieser Passagen, die sie in ihrer frühen Jugend gehört hatte, an die sie sich aber in ihrem normalen Zustand nicht erinnerte, in ihrem Gedächtnis gespeichert. Beaufort beschreibt seine Empfindungen kurz vor der Rettung vor dem Ertrinken: "Jede Begebenheit aus meinem früheren Leben schien in einem rückläufigen Zug über meine Erinnerung zu blicken, nicht in bloßen Umrissen, sondern in einem Bild, das jede Minute und jede Nebenerscheinung enthält und so einen Panoramablick auf mein ganzes Dasein abbildet.

Kay beobachtet wahrhaftig: "Indem wir uns die Meinung zu eigen machen, dass jeder Gedanke oder Eindruck, der einmal bewusst im Verstand war, immer danach beibehalten wird, erhalten wir Licht auf viele obskure mentale Phänomene; und vor allem ziehen wir daraus den Schluss der Vollkommenheit der Erinnerung in fast unbegrenztem Umfang. Wir können nicht daran zweifeln, dass, könnten wir bis in die tiefsten Tiefen unserer geistigen Natur vordringen, wir dort Spuren jedes Eindrucks, den wir erhalten haben, jedes Gedankens, den wir hatten, und jeder Handlung, die wir im Laufe unseres vergangenen Lebens getan haben, finden sollten, wobei jeder einzelne Eindruck seinen Einfluss auf die Art und Weise des Aufbaus unseres gegenwärtigen Wissens oder auf die Leitung unserer alltäglichen Handlungen ausübt. Da die Erinnerungen offensichtlich im Archiv des Verstandes fortbestehen, wäre es dann nicht möglich, die meisten, wenn nicht sogar alle von ihnen ins Bewusstsein zurückzurufen, sobald wir dies wünschten, wenn unser Erinnerungsvermögen so leistungsfähig wäre, wie es sein sollte?

Wie wir gesagt haben, kann man sich diese große unterbewusste Region des Verstandes - diese Erinnerungsregion - als eine große Datei oder großes Archiv mit einem komplizierten System von Indizes und Mitarbeitern vorstellen, deren Aufgabe es ist, die Archivierungen abzulegen, sie zu indizieren und sie bei Bedarf zu finden. Die Archivierungen zeichnen nur das auf, was wir ihnen durch die Aufmerksamkeit, in dem Grad der Tiefe und Klarheit eingeprägt haben, der ganz von der Aufmerksamkeit abhängt, die wir dem ursprünglichen Eindruck verliehen haben. Wir können niemals erwarten, dass die Mitarbeiter des Gedächtnisses etwas zur Sprache bringen, was ihnen nicht zur Ablage gegeben wurde. Die Erschließung und die Querverweise werden durch die Assoziation der verschiedenen Eindrücke geliefert. Je mehr Querverweise oder Assoziationen mit einer Idee, einem Gedanken oder einem Eindruck verbunden sind, desto größer sind die Chancen, dass dieser auf Wunsch leicht gefunden werden kann. Die beiden Merkmale *Aufmerksamkeit* und *Assoziation* und die Rolle, die diese bei den Phänomenen der Erinnerung spielen, werden in weiteren Kapiteln dieses Buches ausführlich besprochen.

Die Mitarbeiter des Gedächtnisses sind wie ein fleißiger und williger Haufen kleiner Burschen, aber wie alle Jungen leisten sie ihre beste Arbeit, wenn sie in Übung gehalten werden. Müßiggang und Bewegungsmangel führen dazu, dass sie faul und nachlässig werden und die Archivierungen vergessen oder unvollständig durchführen. Etwas frische Bewegung und Arbeit reißen den Burschen bald die Spinnweben aus dem Gehirn, und sie springen eifrig zur Erledigung ihrer Aufgaben. Bei richtiger

Übung werden sie mit ihrer Arbeit immer besser vertraut und werden bald sehr fachkundig. Sie neigen dazu, sich selbst zu erinnern, und wenn eine bestimmte Archivierung verlangt wird, kennen sie oft schon ihren Platz und können die Erinnerung sofort finden, ohne sich auf die Indizes zu beziehen. Aber ihre Schwierigkeiten kommen von schwachen und fast unleserlichen Archivierungen, verursacht durch mangelnde Aufmerksamkeit – etwa wenn sie manches kaum entziffern können. Das Fehlen einer richtigen Indexierung durch die Assoziationen bereitet ihnen viel Sorgen und zusätzliche Arbeit, und manchmal können sie die Archivierungen aufgrund dieser Vernachlässigung überhaupt nicht finden. Oftmals jedoch, nachdem sie Ihnen gesagt haben, dass sie etwas nicht finden konnten, und Sie den Ort enttäuscht verlassen, setzen diese Burschen ihre Suche fort, und Stunden danach werden sie Sie überraschen, indem sie Ihnen die gewünschte Idee oder die gewünschte Erinnerung vorlegen, die sie so sorglos indiziert oder unsachgemäß abgelegt vorgefunden haben. In diesen Kapiteln wird Ihnen geholfen, damit Sie diese kleinen Burschen der Gedächtnisarchivierung bei ihrer harten Arbeit, die sie für Sie leisten müssen, nicht durch Vernachlässigung und Unachtsamkeit doppelt belasten. Behandeln Sie diese kleinen Burschen richtig und gut, und sie werden Überstunden für Sie machen, bereitwillig und freudig. Aber sie brauchen Ihre Hilfe und Ermutigung und ein gelegentliches Wort des Lobes und der Anerkennung.

KAPITEL VI. AUFMERKSAMKEIT.

Wie wir in den vorhergehenden Kapiteln gesehen haben, muss, bevor man erwarten kann, sich an etwas zu erinnern, diese Sache in die Archivierungen seines Unterbewusstseins eingestellt worden sein, und zwar deutlich und klar. Und der Hauptfaktor bei der Archivierung von Eindrücken ist die Qualität des Geistes, die wir Aufmerksamkeit nennen. Alle führenden Autoritäten auf dem Gebiet der Erinnerung erkennen und lehren den Wert der Aufmerksamkeit bei der Kultivierung und Entwicklung des Gedächtnisses. Tupper sagt: "Das Gedächtnis, die Tochter der Aufmerksamkeit, ist die fruchtbare Mutter der Weisheit." Lowell sagt: "Aufmerksamkeit ist der Stoff, aus dem das Gedächtnis gemacht ist, und Erinnerung ist akkumuliertes Wissen." Hall sagt: "In der Macht der Aufmerksamkeit liegt das Kostbarste der intellektuellen Gewohnheiten." Locke sagt: "Wenn die Ideen, die sich anbieten, wahrgenommen und sozusagen im Gedächtnis registriert werden, hat das die Aufmerksamkeit bewirkt." Stewart sagt: "Die Dauerhaftigkeit des Eindrucks, den etwas im Gedächtnis hinterlässt, steht im Verhältnis zum Grad der Aufmerksamkeit, die ihm ursprünglich zuteilwurde." Thompson sagt: "Die Erfahrungen, die dem Bewusstsein am dauerhaftesten eingeprägt werden, sind diejenigen, auf die die größte Aufmerksamkeit gerichtet ist." Beattie sagt: "Die Kraft, mit der etwas den Geist trifft, ist im Allgemeinen proportional zum Grad der Aufmerksamkeit, die ihm zuteil wird. Die große Kunst des Erinnerns ist die Aufmerksamkeit ... Unaufmerksame Menschen haben immer ein schlechtes Gedächtnis." Kay sagt: "Die Philosophen sind der Meinung, dass ohne einen gewissen Grad an Aufmerksamkeit kein Eindruck von Dauer auf den Verstand gemacht und damit im Gedächtnis verankert werden kann." Hamilton sagt: "Es ist ein Gesetz des Geistes, dass die Intensität des gegenwärtigen Bewusstseins die Lebendigkeit des zukünftigen Gedächtnisses bestimmt; Erinnerung und Bewusstsein stehen also im direkten Verhältnis zueinander. Lebendiges Bewusstsein, langes Gedächtnis; schwaches Bewusstsein, kurzes Gedächtnis; kein Bewusstsein, kein Gedächtnis ... Ein Akt der Aufmerksamkeit, das heißt ein Akt der Konzentration, scheint also bei jeder Bewusstseinsübung notwendig zu sein, wie bei jeder Sehübung eine gewisse Kontraktion der Pupille erforderlich ist. Aufmerksamkeit ist also für das Bewusstsein, was die Kontraktion der Pupille für das Sehen ist, oder für das Auge des Geistes, was das Mikroskop oder das Teleskop für das körperliche Auge ist. Es stellt die bessere Hälfte aller intellektuellen Kraft dar".

Wir haben die oben genannten Autoritäten sehr ausführlich zitiert, um Ihnen die Wichtigkeit dieses Themas der Aufmerksamkeit zu verdeutlichen. Die unterbewussten Regionen des Verstandes sind die großen Speicher der geistigen Archivierungen der Eindrücke von innen und außen. Seine großen Systeme der Ablage, Archivierung und Indexierung bilden das, was wir Erinnerung nennen. Doch bevor diese Arbeit möglich ist, müssen erst einmal Eindrücke empfangen worden sein. Und, wie Sie an den gerade gegebenen Zitaten sehen können, hängen diese Eindrücke von der Intensität der Aufmerksamkeit ab, die den Dingen, die zu Eindrücken führen, gewidmet wird. Bei großer Aufmerksamkeit wird es klare und tiefe Eindrücke geben; bei durchschnittlicher Aufmerksamkeit wird es nur durchschnittliche Eindrücke geben; wenn nur schwache Aufmerksamkeit vorhanden ist, wird es nur schwache Eindrücke geben; ohne Aufmerksamkeit wird es keine Archivierungen geben.

Eine der häufigsten Ursachen für *mangelnde Aufmerksamkeit ist in mangelndem Interesse zu finden.* Wir sind geneigt, uns an die Dinge zu erinnern, an denen wir am meisten interessiert waren, weil sich in diesem Erguss des Interesses ein hoher Grad an Aufmerksamkeit manifestiert hat. Ein Mann mag ein sehr schlechtes Gedächtnis für viele Dinge haben, aber wenn es um die Dinge geht, an denen sein Interesse beteiligt ist, erinnert er sich oft an die kleinsten Details. Was man unwillkürliche

Aufmerksamkeit nennt, ist die Form der Aufmerksamkeit, die auf Interesse, Neugierde oder Verlangen folgt - es bedarf keiner besonderen Anstrengung des Willens, der darin steckt. Was freiwillige Aufmerksamkeit genannt wird, ist jene Form der Aufmerksamkeit, die Objekten gewidmet wird, die nicht unbedingt interessant, neugierig oder attraktiv sind - dies erfordert die Anwendung des Willens und ist ein Zeichen eines entwickelten Charakters. Jeder Mensch hat mehr oder weniger unwillkürliche Aufmerksamkeit, während nur wenige eine entwickelte freiwillige Aufmerksamkeit besitzen. Erstere ist instinktiv - Letztere kommt nur durch Übung und Training.

Aber es gibt einen wichtigen Punkt, den man sich merken sollte, dass Interesse durch freiwillige Aufmerksamkeit entwickelt werden kann, die einem Objekt gewidmet und gehalten wird. Dinge, für die es ursprünglich nicht genügend Interesse gibt, um die unwillkürliche Aufmerksamkeit zu erregen, können ein sekundäres Interesse entwickeln, wenn die freiwillige Aufmerksamkeit auf sie gerichtet und auf sie gehalten wird. Wie Halleck dazu sagt: "Wenn man sagt, dass die Aufmerksamkeit nicht besonders an einem uninteressanten Ding festhält, darf man nicht vergessen, dass dennoch jeder, der nicht oberflächlich und wankelmütig ist, an den meisten Objekten bald etwas Interessantes entdecken kann. Hier zeigen kultivierte Köpfe ihre besondere Überlegenheit, denn die Aufmerksamkeit, die sie zu schenken vermögen, endet in der Regel darin, in der uninteressantesten Auster eine Perle zu finden. Verliert ein Objekt zwangsläufig das Interesse hinsichtlich eines bestimmten Gesichtspunkts, entdecken solche Geister neue Eigenschaften an ihm. Die Essenz des Genies ist es, ein altes Ding auf neue Weise zu präsentieren, sei es eine Kraft in der Natur oder ein Aspekt der Menschheit".

Es ist sehr schwierig, einer anderen Person beizubringen, wie man die Aufmerksamkeit entwickelt. Das liegt daran, dass das Ganze so weitgehend im Gebrauch des Willens besteht, und zwar durch gewissenhafte Übung und beharrliche Anwendung. Die erste Voraussetzung ist die Entschlossenheit, den Willen zu gebrauchen. Sie müssen es mit sich selbst ausdiskutieren, bis Sie davon überzeugt sind, dass es notwendig und wünschenswert ist, sich die Kunst der freiwilligen Aufmerksamkeit anzueignen - Sie müssen sich selbst über jeden vernünftigen Zweifel erhaben zeigen. Dies ist der erste Schritt und ein schwierigerer, als es auf den ersten Blick scheint. Die Hauptschwierigkeit besteht darin, dass man dafür aktives, ernsthaftes Denken braucht, und die meisten Menschen sind zu faul, um sich einer solchen geistigen Anstrengung hinzugeben. Nachdem Sie diesen ersten Schritt gemeistert haben, müssen Sie ein starkes, brennendes Verlangen nach der Kunst der freiwilligen Aufmerksamkeit entwickeln - Sie müssen lernen, es unbedingt zu wollen. Auf diese Weise induzieren Sie einen Zustand des Interesses und der Attraktivität, an dem es vorher fehlte. Drittens und letztens müssen Sie Ihren Willen fest und beharrlich an der Aufgabe festhalten und sich konsequent trainieren.

Beginnen Sie damit, Ihre Aufmerksamkeit auf eine uninteressante Sache zu richten und ihre Einzelheiten zu studieren, bis Sie in der Lage sind, sie zu beschreiben. Dies wird sich am Anfang als sehr ermüdend erweisen, aber Sie müssen sich daran halten. Üben Sie anfangs nicht zu lange auf einmal; ruhen Sie sich aus und versuchen Sie es später noch einmal. Sie werden bald feststellen, dass es Ihnen leichter fällt und dass sich ein neues Interesse an der Aufgabe zu manifestieren beginnt. Untersuchen Sie dieses Buch als Übung, lernen Sie, wie viele Seiten es enthält; wie viele Kapitel; wie viele Seiten in jedem Kapitel; die Details der Schrift, des Drucks und der Bindung - all die kleinen Dinge, die es enthält -, damit Sie einer anderen Person die kleinen Details des Buches vollständig erklären können. Das mag zunächst uninteressant erscheinen - und so wird es auch sein - aber ein wenig Übung wird ein neues Interesse an den kleinen Details wecken, und Sie werden überrascht sein, wie viele kleine Dinge Ihnen auffallen werden. Dieser Plan, der an vielen Dingen in der Freizeit geübt wird, wird bei jedem die

Kraft der freiwilligen Aufmerksamkeit und Wahrnehmung entwickeln, egal wie mangelhaft er in diesen Dingen gewesen sein mag. Wenn Sie jemand anderen dazu bringen können, sich an der Spielaufgabe mit Ihnen zu beteiligen, und dann jeder versucht, den anderen bei der Suche nach Details zu übertreffen, wird die Aufgabe viel einfacher sein, und es wird bessere Arbeit geleistet werden. Beginnen Sie, Dinge zu beachten; die Orte, die Sie besuchen; die Dinge in den Zimmern, usw. Auf diese Weise beginnen Sie mit der Gewohnheit, "Dinge zu bemerken", was die erste Voraussetzung für die Entwicklung des Gedächtnisses ist.

Halleck gibt dazu die folgenden hervorragenden Ratschläge: "Eine Sache intelligent zu betrachten, ist die schwierigste aller Künste. Die erste Regel für die Entwicklung der genauen Wahrnehmung lautet: Versuchen Sie nicht, das Ganze eines komplexen Gegenstandes auf einmal wahrzunehmen. Nehmen Sie das menschliche Gesicht als Beispiel. Ein Mann, der eine wichtige Position innehatte, in die er gewählt wurde, hat viele Menschen beleidigt, weil er sich Gesichter nicht mehr merken konnte, und daher beim zweiten Mal, als er ihnen begegnete, einzelne Personen nicht mehr erkannte. Seine Schwierigkeit bestand darin, das Gesicht als Ganzes zu betrachten. Als er seine Beobachtungsmethode änderte und Nase, Mund, Augen, Kinn und Haarfarbe aufmerksam beobachtete, fiel ihm das Erkennen sofort leichter. Es fiel ihm nicht mehr schwer, A mit B zu verwechseln, da er sich daran erinnerte, dass die Form von B's Nase anders war, oder die Farbe seines Haares mindestens drei Schattierungen heller. Dieses Beispiel zeigt, dass eine andere Regel formuliert werden kann: Achten Sie genau auf Details. Wir werden vielleicht gebeten, eine genaue Beschreibung des Äußeren eines etwas merkwürdigen Vorstadthauses zu geben, das wir in letzter Zeit gesehen haben. Wir antworten in allgemeinen Worten und geben die Größe und Farbe des Hauses an. Vielleicht haben wir auch eine Vorstellung von einem Teil des Materials, das für die Außenkonstruktion verwendet wurde. Wir werden gebeten, die Form der Tür, der Veranda, des Daches, der Schornsteine und der Fenster genau anzugeben; ob die Fenster glatt oder rund sind, ob sie Gesimse haben oder ob die Verkleidungen um sie herum aus dem gleichen Material sind, wie der Rest des Hauses. Ein Freund, der das Haus nicht sehen kann, möchte unbedingt wissen, wie die Dachwinkel sind und wie die Fenster in Bezug auf diese angeordnet sind. Wenn wir diese Fragen nicht genau beantworten können, quälen wir unsere Freunde nur, indem wir ihnen erzählen, dass wir das Haus gesehen haben. Ein Objekt nur als eine undifferenzierte Masse von etwas an einem bestimmten Ort zu sehen, ist nicht mehr, als ein Esel beim Traben vollbringt."

Es gibt drei allgemeine Regeln, die man in dieser Sache aufstellen kann, um die freiwillige Aufmerksamkeit in die Richtung zu lenken, dass man die Dinge tatsächlich sieht, anstatt sie nur zu betrachten. Die erste lautet: Bringen Sie sich selbst dazu, sich für die Sache zu interessieren. Die zweite: Betrachten Sie es so, als wollten Sie es zur Kenntnis nehmen, um seine Einzelheiten einem Freund gegenüber zu wiederholen - das wird Sie zwingen, "Aufmerksamkeit zu erlangen". Die dritte: Geben Sie Ihrem Unterbewusstsein den mentalen Befehl, das, was Sie sehen, zur Kenntnis zu nehmen - sagen Sie: "*Hier, nimm das zur Kenntnis und merke es dir gut!* Letzteres besteht aus einem eigentümlichen "Kniff", der durch ein wenig Übung erreicht werden kann - es wird Ihnen nach ein paar Versuchen plötzlich gelingen."

Zu dieser dritten Regel, nach der das Unterbewusstsein für Sie arbeiten soll, hat Charles Leland Folgendes zu sagen: "So wie ich es verstehe, ist es eine Art Impuls oder eine Projektion des Willens auf das kommende Werk. Es ist mehr als nur das Denken, was wir tun sollen; es ist das Anweisen oder Befehlen an das Selbst, eine Aufgabe zu erfüllen, noch bevor man dazu den Willen aufbringt".

****

Erinnern Sie sich zuerst, zu guter Letzt und immer daran, dass Sie erst etwas wahrnehmen müssen, bevor Sie sich überhaupt an die Dinge erinnern können, und dass Wahrnehmung nur durch Aufmerksamkeit möglich ist und in einem entsprechenden Ausmaß auf letztere reagiert. Deshalb ist mit Recht gesagt worden: "Die große Kunst der Erinnerung ist die Aufmerksamkeit."

****

KAPITEL VII. ASSOZIATIONEN.

In den vorhergehenden Kapiteln haben wir gesehen, dass, wenn man sich an etwas erinnern will, es dem Geist überhaupt erst klar eingeprägt werden muss; und dass es, um einen klaren Eindruck zu erhalten, eine entsprechende Reaktion der Aufmerksamkeit geben muss. Soviel zur Archivierung der Eindrücke. Doch wenn wir uns an die Eindrücke erinnern, werden wir mit einem anderen wichtigen Gesetz der Erinnerung konfrontiert - dem Gesetz der Assoziation. Die Assoziation spielt eine Rolle, die vergleichbar ist mit der Indexierung und der Querindexierung eines Buches in einer Bibliothek oder in einem anderen System, in dem es darum geht, etwas zu finden, das abgelegt oder in irgendeiner Weise in einer Sammlung ähnlicher Dinge enthalten ist. Wie Kay sagt: "Damit das, was im Gedächtnis ist, wieder abgerufen oder ins Bewusstsein zurückgeholt werden kann, ist es notwendig, dass es in Verbindung mit einem oder mehreren anderen Dingen oder Ideen betrachtet wird, und in der Regel gilt: Je mehr andere Dinge mit ihm verbunden sind, desto größer ist die Wahrscheinlichkeit, dass es abgerufen wird. Wir müssen zuerst einen guten Eindruck gewinnen, und dann müssen wir assoziieren. Ohne dass ein klarer Eindruck entstanden ist, wird das, was erinnert wird, undeutlich und ungenau sein; und wenn es nicht mit etwas anderem im Kopf verbunden ist, kann es nicht zurückgeholt werden. Wenn wir annehmen dürfen, dass eine Idee im Verstand allein existiert, ohne Verbindung zu einer anderen Idee, wäre ihr Rückruf unmöglich."

Die besten Autoritäten erkennen und lehren die Bedeutung dieses Gesetzes der Assoziation in Verbindung mit dem Gedächtnis. Abercrombie sagt: "Neben der Wirkung der Aufmerksamkeit ist es der bemerkenswerte Einfluss, den die Assoziation auf das Gedächtnis ausübt." Carpenter sagt: "Die Aufnahmefähigkeit des Gedächtnisses hängt hauptsächlich vom Grad der Aufmerksamkeit ab, die wir der Idee, sich zu erinnern, schenken. Die Wiedergabekraft hängt wiederum ganz und gar von der Art der Assoziationen ab, wie die neue Idee mit anderen, bereits aufgezeichneten Ideen verknüpft wurde. Ribot sagt: "Das grundlegendste Gesetz, das psychologische Phänomene regelt, ist das Gesetz der Assoziation. In seinem umfassenden Charakter ist es vergleichbar mit dem Gesetz der Gravitation in der physischen Welt." Mill sagt: "Das, was das Gravitationsgesetz für die Astronomie ist; das, was die elementaren Eigenschaften der Gewebe für die Physiologie sind, ist das Gesetz der Assoziation von Ideen für die Psychologie." Stewart sagt: "Die Verbindung zwischen dem Gedächtnis und der Assoziation von Vorstellungen ist so bemerkenswert, dass manche denken, dass die Gesamtheit der Phänomene nach diesem Prinzip beschrieben werden könnte. Die Assoziation von Vorstellungen verbindet unsere verschiedenen Gedanken miteinander, so dass sie dem Verstand in einer bestimmten Reihenfolge präsentiert werden; aber sie setzt die Existenz dieser Gedanken im Verstand voraus, d.h. sie setzt eine Fähigkeit voraus, das erworbene Wissen zu bewahren. Andererseits ist es offensichtlich, dass ohne das Assoziationsprinzip die Fähigkeit, unsere Gedanken zu speichern und sie zu identifizieren, wenn sie uns einfallen, von geringem Nutzen wäre; denn die wichtigsten Aspekte unseres Wissens wären vielleicht latent im Geist verborgen geblieben, selbst wenn sich jene Gelegenheiten ergeben hätten, auf die sie unmittelbar zutreffen".

Die Assoziation von Ideen hängt von zwei Prinzipien ab, die als (1) das Gesetz der *Kontiguität* (= zeitliches oder räumliches Zusammentreffen verschiedener Erlebnisinhalte) und (2) das Gesetz der *Ähnlichkeit* bekannt sind. Die Assoziation durch Kontiguität ist jene Form der Assoziation, durch die eine Idee mit der unmittelbar vorausgehenden Empfindung, dem Gedanken oder der Idee verbunden, verknüpft oder assoziiert wird, und die direkt darauf folgt. Jede Idee oder jeder Gedanke ist ein Glied in einer großen Gedankenkette, die mit dem vorhergehenden und dem nachfolgenden Glied verbunden ist. Die Assoziation durch Ähnlichkeit ist die Form der Assoziation, durch die eine Idee, ein Gedanke oder eine Empfindung mit Ideen, Gedanken oder Empfindungen ähnlicher Art, die vorher oder nachher aufgetreten sind, verbunden oder assoziiert wird. Die erste Form der Assoziation ist die *Reihenfolge* der Beziehung - die zweite die *Art* der Beziehung.

Die Assoziation durch Kontiguität ist das große Gesetz des Denkens, wie auch des Gedächtnisses. Wie Kay sagt: "Das große Gesetz der mentalen Assoziation ist das der Kontiguität, durch das Empfindungen und Ideen, die zusammen oder in enger Folge im Geist waren, dazu neigen, sich zu vereinen oder so zusammenzuhalten, dass sich das eine danach an das andere erinnern kann. Die Verbindung, die natürlicherweise zwischen einer Empfindung oder Idee im Geist und dem, was ihr unmittelbar vorausging oder folgte, besteht, ist von der stärksten und engsten Natur. Die beiden sind streng genommen nur eins, sie bilden einen vollständigen Gedanken." Wie Taine sagt: "Um richtig zu sprechen, gibt es keine isolierte oder getrennte Empfindung. Eine Empfindung ist ein Zustand, der als Fortsetzung der vorhergehenden beginnt und damit endet, dass sie sich in den nachfolgenden verliert; durch eine willkürliche Trennung und aus Gründen der Bequemlichkeit der Sprache trennen wir sie so, wie es der Fall ist; ihr Anfang ist das Ende einer anderen, und ihr Ende ist der Anfang einer anderen. Wie Ribot sagt: "Wenn wir zum Beispiel einen Satz lesen oder hören, bleibt am Anfang des fünften Wortes noch etwas vom vierten Wort übrig.

Die *Assoziation durch Kontiguität* kann in zwei Unterklassen aufgeteilt werden - die zeitliche Kontiguität und die räumliche Kontiguität. Bei der zeitlichen Kontiguität zeigt sich die Tendenz des Gedächtnisses, die Eindrücke in der gleichen Reihenfolge abzurufen, in der sie empfangen wurden - der erste Eindruck suggeriert den zweiten, der zweite den dritten und so weiter. Auf diese Weise lernt das Kind, das Alphabet zu wiederholen, und der Erwachsene die aufeinander folgenden Zeilen eines Gedichts. Wie Priestly sagt: "In einem Gedicht, in dem das Ende jedes vorhergehenden Wortes mit dem Anfang des folgenden verbunden ist, können wir die Worte leicht in dieser Reihenfolge wiederholen, aber wir sind nicht in der Lage, sie rückwärts zu wiederholen, bis sie mehrmals in dieser Reihenfolge wiederholt wurden. Das Gedächtnis von Wörtern oder Wortgruppen hängt von dieser Form der Verbindung ab. Manche Menschen können lange Gedichte von Anfang bis Ende mit Leichtigkeit wiederholen, aber sie sind nicht in der Lage, einen bestimmten Satz oder Vers zu wiederholen, ohne von Anfang an darauf hinzuarbeiten.

Die Kontinuität im Raum manifestiert sich in Formen der Erinnerung oder des Gedächtnisses durch "Position". Indem wir uns also an die Dinge erinnern, die mit der Position, d. h. dem Ort eines bestimmten Dings verbunden sind, sind wir in der Lage, uns an das Ding selbst zu erinnern. Wie wir in einem vorhergehenden Kapitel gesehen haben, basieren einige Formen von Erinnerungssystemen auf diesem Gesetz. Wenn Sie sich an ein Haus oder einen Raum erinnern, in dem Sie gewesen sind, werden Sie feststellen, dass Sie sich an ein Objekt nach dem anderen erinnern, und zwar in der Reihenfolge der relativen Positionen oder der räumlichen Nähe oder dem Ort. Beginnend mit dem vorderen Saal können Sie in der Erinnerung von einem Raum zum anderen wandern und jeden mit den darin enthaltenen Objekten aufrufen, je nach dem Grad der Aufmerksamkeit, die Sie ihnen ursprünglich gewidmet haben. Kay sagt über die Assoziation durch Kontiguität: "Auf diesem Prinzip der Kontiguität werden mnemonische Systeme aufgebaut, denn wenn das, woran wir uns erinnern wollen, im Geist mit einem bestimmten Objekt oder Ort assoziiert wird, werden die damit verbundenen Ideen sofort auftauchen; oder wenn jedes Wort oder jede Idee mit dem unmittelbar vorausgehenden assoziiert wird, sodass, wenn das eine erinnert wird, das andere mit ihm zusammen auftaucht, und so können lange Namenslisten oder lange Buchpassagen leicht auswendig gelernt werden.

Aus dem Vorhergehenden wird man sehen, dass es von großer Bedeutung ist, dass wir unsere Eindrücke mit den vorhergehenden und folgenden in Beziehung setzen. Je enger unsere Eindrücke miteinander verbunden sind, desto enger werden sie zusammenhängen und desto größer wird die Möglichkeit sein, sich an sie zu erinnern oder sie erneut zu erleben. Wir sollten uns bemühen, unsere Eindrücke von den Dingen so zu formen, dass sie mit anderen Eindrücken in Zeit und Raum verbunden werden. Jede andere Sache oder jedes andere Objekt, das im Geist mit einer bestimmten Sache verbunden ist, dient als "loses Ende" der Erinnerung, das uns, wenn es einmal erfasst und weiterverfolgt wird, zu der Sache führt, die wir uns in Erinnerung rufen wollen.

Assoziation durch Ähnlichkeit ist die Verknüpfung von Eindrücken ähnlicher Art, unabhängig von Zeit und Ort. Carpenter drückt es wie folgt aus: "Das Gesetz der Ähnlichkeit drückt die allgemeine Tatsache aus, dass jeder gegenwärtige Bewusstseinszustand dazu neigt, frühere Zustände, die ihm ähnlich sind, wiederzubeleben ... Rationale oder philosophische Assoziation ist, wenn eine Tatsache oder Aussage, auf die die Aufmerksamkeit gerichtet ist, mit einer zuvor bekannten Tatsache, zu der sie in Beziehung steht, oder mit einem Thema, das sie zu veranschaulichen vermag, assoziiert wird. Und wie Kay sagt: "Die Ähnlichkeiten mögen räumlich oder zeitlich weit auseinanderliegen, aber sie werden zusammengebracht und durch ihre Ähnlichkeit miteinander verbunden. So kann sich ein heutiger Umstand an ähnliche Umstände erinnern, die vielleicht zu sehr unterschiedlichen Zeiten stattfanden, und sie werden im Geist miteinander verbunden, sodass die Anwesenheit des einen die anderen nachher in Erinnerung rufen wird. Abercrombie sagt über diese Phase der Assoziation: "Die Gewohnheit der korrekten Assoziation, d. h. das Verbinden von Tatsachen im Verstand gemäß ihrer wahren Beziehungen und der Art und Weise, in der sie sich gegenseitig zu veranschaulichen pflegen, ist eines der Hauptmittel zur Verbesserung des Gedächtnisses, insbesondere jener Art von Erinnerung, die eine wesentliche Eigenschaft eines kultivierten Verstandes ist - nämlich jene, die nicht auf zufälligen Verbindungen, sondern auf wahren und wichtigen Beziehungen beruht.

Wie Beattie sagt: "Je mehr Beziehungen oder Ähnlichkeiten wir zwischen Objekten finden oder herstellen können, desto leichter wird uns der Blick des einen dazu bringen, uns an den Rest zu erinnern. Und wie Kay sagt: "Um ein Ding im Gedächtnis zu fixieren, müssen wir es bereits mit etwas im Geist verbinden, und je mehr das, woran wir uns erinnern wollen, dem ähnelt, mit dem es verbunden ist, desto besser ist es im Gedächtnis fixiert und desto leichter wird es erinnert. Wenn die beiden sich stark ähneln oder nicht voneinander zu unterscheiden sind, dann ist die Assoziation von der stärksten Art ... Das Gedächtnis ist in der Lage, eine ungleich größere Zahl von Ideen zu behalten und zu ersetzen, wenn sie nach einem Ähnlichkeitsprinzip assoziiert oder angeordnet sind, als wenn sie nur als isolierte Fakten dargestellt werden. Nicht durch die Vielzahl der Ideen, sondern durch den Mangel an Anordnung unter ihnen, wird das Gedächtnis belastet und seine Kräfte geschwächt." Wie Arnott sagt: "Man kann sagen, dass der Unwissende seine hundert Haken des Wissens (um ein unhöfliches Gleichnis zu benutzen) mit einzelnen Objekten aufgeladen hat, während der Informierte jeden Haken zu einer langen Kette macht, an der Tausende von verwandten und nützlichen Dingen befestigt sind.

Wir bitten jeden Leser dieses Buches, sich mit der allgemeinen Idee der Arbeitsweisen des Assoziationsgesetzes, wie sie in diesem Kapitel dargelegt werden, vertraut zu machen, da ein Großteil der Anleitungen, die unter der Überschrift der verschiedenen Phasen und Kategorien des Gedächtnisses gegeben werden, auf der Anwendung des Assoziationsgesetzes in Verbindung mit dem Gesetz der Aufmerksamkeit beruhen. Diese grundlegenden Prinzipien sollten klar erfasst werden, bevor man zu den Einzelheiten der Praxis und der Übung übergeht. Man sollte nicht nur wissen, "wie" man den Verstand und das

Gedächtnis auf bestimmte Weise benutzt, sondern auch, "warum" es auf diese bestimmte Weise benutzt werden soll. Wenn man den "Grund dafür" versteht, ist man besser in der Lage, den Anleitungen zu folgen.

KAPITEL VIII. PHASEN DES GEDÄCHTNISSES.

Eines der ersten Dinge, die dem Lernenden auffällt, ist die Tatsache, dass es mehrere verschiedene Phasen der Manifestation der Erinnerung gibt. Das heißt, dass es mehrere allgemeine Kategorien gibt, in die sich die Phänomene der Erinnerung gruppieren lassen. Und dementsprechend finden wir Menschen, die hinsichtlich bestimmter Phasen des Gedächtnisses recht hoch entwickelt sind, während sie in anderen ziemlich unzulänglich sind. Wenn es nur eine einzige Phase oder Kategorie des Gedächtnisses gäbe, dann hätte eine Person, die ihr Gedächtnis in einer bestimmten Richtung entwickelt hat, es gleichzeitig auch in allen anderen Richtungen entwickelt. Aber das ist bei weitem nicht der Fall. Wir finden Menschen, die den Gesichtsausdruck recht gut wiedergeben können, während es ihnen sehr schwer fällt, sich an die Namen der Personen zu erinnern, an deren Gesichter sie sich erinnern. Andere können sich an Gesichter erinnern, nicht an Namen. Andere haben eine ausgezeichnete Erinnerung an Orte, während andere sich ständig verirren. Wieder andere erinnern sich an Daten, Preise, Nummern und Zahlen im Allgemeinen, während andere Formen der Erinnerung mangelhaft sind. Oder sie erinnern sich an Geschichten, Vorfälle, Anekdoten usw., während sie andere Dinge vergessen. Und so weiter, wobei jede Person in einigen Bereichen ein gutes Erinnerungsvermögen besitzt, während es in anderen unzureichend ausgebildet ist.

Die Phasen des Gedächtnisses können in zwei allgemeine Klassen eingeteilt werden, nämlich (1) Erinnerung an Sinneseindrücke und (2) Erinnerung an Ideen. Diese Einteilung ist etwas willkürlich, da sich Sinneseindrücke zu Ideen entwickeln und Ideen zu einem beträchtlichen Teil aus Sinneseindrücken zusammengesetzt sind, aber im Allgemeinen dient die Eintei-

51

lung ihrem Zweck, nämlich der Gruppierung bestimmter Phasen der Phänomene des Gedächtnisses.

Das Gedächtnis von Sinneseindrücken umfasst natürlich die Eindrücke, die von allen fünf Sinnen empfangen werden: Sehen, Hören, Schmecken, Tasten und Riechen. Aber wenn wir zu einer praktischen Untersuchung der im Gedächtnis behaltenen Sinneseindrücke kommen, stellen wir fest, dass die Mehrheit davon die Eindrücke sind, die durch die beiden jeweiligen Sinne Sehen und Hören gewonnen werden. Die Eindrücke des Geschmacks-, Tast- und Geruchssinns sind vergleichsweise gering, außer bei bestimmten Fachleuten, deren Beruf darin besteht, einen sehr feinen Geschmacks-, Geruchs- oder Tastsinn und dementsprechend ein feines Gedächtnis in diesen Bereichen zu erwerben. So haben die Wein- und Teeverkoster, die in der Lage sind, die verschiedenen Qualitäten der von ihnen behandelten Waren zu unterscheiden, nicht nur einen sehr feinen Geschmacks- und Geruchssinn entwickelt, sondern auch ein bemerkenswertes Gedächtnis für die zuvor erhaltenen Eindrücke, wobei die Unterscheidungskraft sowohl vom Gedächtnis als auch vom besonderen Sinn abhängt. Ebenso erwirbt sowohl der geübte Chirurg als auch der geübte Mechaniker einen feinen Tastsinn und ein entsprechend hoch entwickeltes Gedächtnis für Tast-Eindrücke.

Aber, wie gesagt, der größte Teil der in unserem Gedächtnis gespeicherten Sinneseindrücke sind die, die wir zuvor über den Seh- bzw. Hörsinn empfangen haben. Die Mehrzahl der im Gedächtnis gespeicherten Sinneseindrücke wurde mehr oder weniger unwillkürlich wahrgenommen, d.h. unter Anwendung eines geringen Grades an Aufmerksamkeit. Sie sind mehr oder weniger undeutlich und verschwommen und werden mit Mühe in Erinnerung gerufen, wobei die Erinnerung an sie im Allgemeinen ohne bewusste Anstrengung, nach dem Gesetz der Assoziation, zustande kommt. Das heißt, sie kommen hauptsächlich dann, wenn wir an etwas anderes denken, über das wir nachgedacht und dem wir unsere Aufmerksamkeit gewidmet haben und mit dem sie in Verbindung gebracht wurden. Es besteht ein ziemlicher Unterschied zwischen der Erinnerung an Sinneseindrücke, die wir auf diese Weise erhalten haben, und jenen, die wir durch die Gewährung von Aufmerksamkeit, Interesse und Konzentration speichern.

Die Sinneseindrücke des Sehens sind in unserem Unterbewusstseinsspeicher bei Weitem am zahlreichsten. Wir üben ständig unseren Sehsinn aus und erhalten stündlich Tausende von verschiedenen Seh-Eindrücken. Aber es ist manchmal erstaunlich, wenn wir feststellen, dass wir, wenn wir uns an ein wichtiges Ereignis oder einen Zwischenfall erinnern, auch viele schwache Eindrücke in Erinnerung rufen können, bei denen wir nicht im Traum daran gedacht haben, dass wir sie registriert hätten. Um die wichtige Rolle zu erkennen, die die Eindrücke bei den Phänomenen der Erinnerung spielen, sollten Sie sich an eine bestimmte Zeit oder ein bestimmtes Ereignis in Ihrem Leben erinnern und sehen, wie viele Dinge, die Sie gesehen haben, noch in Erinnerung sind, verglichen mit der Anzahl der Dinge, die Sie gehört, geschmeckt, gefühlt oder gerochen haben.

An zweiter Stelle stehen jedoch die Eindrücke, die man über den Gehörsinn erhält, und folglich speichert das Gedächtnis eine große Anzahl von Klangeindrücken ab. In einigen Fällen werden die Eindrücke von Sehen und Klang zusammengefügt, wie z.B. bei Wörtern, bei denen nicht nur der Klang, sondern auch die Form der Buchstaben, aus denen das Wort besteht, bzw. die Wortform selbst, zusammen gespeichert werden und somit viel leichter erinnert oder erinnert werden können als Dinge, von denen nur ein Sinneseindruck aufgezeichnet wird. Gedächtnislehrer nutzen diese Tatsache, um ihren Lernenden zu helfen, sich Wörter zu merken, indem sie sie laut aussprechen und dann aufschreiben. Viele Personen merken sich auf diese Weise Namen, wobei der Eindruck des geschriebenen Wortes zum Klangeindruck hinzukommt und so die Archivierung verdoppelt wird. Je mehr Eindrücke man sich zu einer Sache machen kann, desto größer sind die Chancen, dass man sich leicht daran erinnert. Ebenso ist es sehr wichtig, dem Eindruck eines schwächeren Sinnes, den eines stärkeren Sinnes beizufügen, damit sich Ersterer einprägen kann. Wenn Sie zum Beispiel ein gutes Erinnerungsvermögen für visuelle Eindrücke und ein schlechtes für akustische Eindrücke haben, ist es gut, Ihre Klangeindrücke mit den Seheindrücken zu verbinden. Und wenn Sie ein schlechtes Gedächtnis für visuelle Eindrücke und ein gutes für akustische haben, ist es wichtig, Ihre Eindrücke vom Sehen mit den Geräuschen zu verbinden. Auf diese Weise nutzen Sie die Vorteile des Assoziationsgesetzes, von dem wir Ihnen erzählt haben.

Unter der Unterklasse der Seheindrücke finden sich die kleineren Unterteilungen des Gedächtnisses, die als Ortsgedächtnis, Zahlengedächtnis, Formgedächtnis, Farbgedächtnis und Gedächtnis für geschriebene oder gedruckte Worte bekannt sind. Unter der Unterklasse der Klangeindrücke finden sich die kleineren Gedächtnisbereiche, die als Wortgedächtnis, Namensgedächtnis, Geschichtengedächtnis, Musikgedächtnis usw. bekannt sind. Diesen Formen des Gedächtnisses werden wir in den folgenden Kapiteln besondere Aufmerksamkeit widmen.

Die zweite allgemeine Kategorie des Gedächtnisses,- das Gedächtnis von Gedanken,- schließt die Erinnerung an Fakten, Ereignisse, Überlegungen, Argumentationslinien usw. ein und wird in der Skala als höher angesehen als die Erinnerung an Sinneseindrücke, obwohl sie für den Durchschnittsmenschen weder notwendiger noch nützlicher ist. Diese Form des Gedächtnisses begleitet natürlich die höheren intellektuellen Anstrengungen und Aktivitäten und stellt einen großen Teil dessen dar, was als eigentliche Bildung bezeichnet wird, d.h. eine Bildung, die das Denken lehrt, anstatt nur bestimmte Dinge auswendig zu lernen, die in Büchern oder Vorträgen gelehrt werden.

Der vielseitige Mensch ist derjenige, der sein Gedächtnis nach allen Seiten hin entwickelt hat, und nicht derjenige, der nur eine besondere Phase des Denkens entwickelt hat. Es ist wahr, dass das Interesse und der Beruf eines Menschen sicherlich dazu führen, das Gedächtnis entsprechend seinen täglichen Bedürfnissen und Anforderungen zu entwickeln, aber es ist wichtig, dass er den anderen Teilen seines Gedächtnisfeldes etwas Übung geben sollte, damit es sich nicht einseitig entwickelt. Wie schon Halleck sagte: "Viele Menschen denken, dass das Gedächtnis hauptsächlich auf das Sehen zurückzuführen ist; aber wir haben so viele verschiedene Arten von Gedächtnis, wie wir Sinne haben. Für das Sehen ist die Wassermelone ein langer, grünlicher Körper, aber das ist ihre unwichtigste Eigenschaft. Das Sehen allein gibt die schlechteste Auffassung von der Wassermelone. Wir nähern uns der Pflanze, an der die Frucht wächst, und um zu entscheiden, ob sie reif ist, klopfen wir auf die Schale und urteilen nach dem Klang. Wir dürfen nicht vergessen, dass eine reife Wassermelone eine gewisse Resonanz hat. Indem wir unsere Hände über die Melone halten, lernen wir, dass sie bestimmte Berührungseigenschaften hat. Wir schneiden sie auf und lernen die Eigenschaften von Geschmack und Geruch kennen. All dieses von den verschiedenen Sinnen vermittelte Wissen muss in ein perfektioniertes Erinnerungsbild einfließen. Wir sehen also, dass viele komplexe Prozesse dazu führen, dass sich eine Vorstellung von einer Sache bildet. Napoleon begnügte sich nicht damit, nur einen Namen zu hören. Er schrieb ihn auf, und nachdem er sowohl sein Augen- als auch sein Hörgedächtnis befriedigt hatte, warf er das Papier weg."

In diesem Buch werden wir die Methoden und Verfahren aufzeigen, die zur Abrundung des Gedächtnisses des Lernenden entwickelt wurden. In der Regel benötigen die starken Phasen des Gedächtnisses nur wenig Aufmerksamkeit, obwohl selbst in diesen Phasen ein wenig Wissenschaft von Nutzen sein kann. Aber in den schwächeren Phasen, den Phasen, in denen das Gedächtnis "schlecht" ist, sollte man neue Anstrengungen unternehmen, damit diese schwächeren Regionen des Gedächtnisses gefördert und befruchtet werden können und mit neuen Eindrücken gut versorgt werden, die mit der Zeit Früchte tragen werden. Es gibt keine Phase, kein Gebiet oder keine Kategorie des Gedächtnisses, das nicht durch intelligente Nutzung hoch entwickelt werden kann. Es erfordert Übung, Übung und Arbeit - aber die Belohnung ist hoch. Mancher Mensch ist dadurch behindert, dass er in bestimmten Phasen des Gedächtnisses ein Defizit hat, während er in anderen Phasen versiert ist. Die Abhilfe liegt in seinen eigenen Händen, und wir meinen, dass wir mit diesem Buch jedem die Mittel an die Hand gegeben haben, mit denen er ein "gutes" Gedächtnis in irgendeiner oder allen Bereichen erwerben kann.

KAPITEL IX. DAS SEHEN SCHULEN.

Bevor das Erinnerungsvermögen mit den Seheindrücken in Verbindung gebracht werden kann - bevor der Verstand sich an solche Eindrücke erinnern kann - muss das Auge unter der Kontrolle der Aufmerksamkeit arbeiten. Wir denken, dass wir Dinge sehen, wenn wir sie betrachten, aber in Wirklichkeit sehen wir nur wenige Dinge, in dem Sinne, dass wir klare und deutliche Eindrücke von ihnen in Form von Bildern erfassen, die im Unterbewusstsein gespeichert werden. Wir blicken die Dinge vielmehr an, als dass wir sie sehen.

Halleck sagt zu dieser Auffassung des "Sehens, ohne zu sehen": "Ein Gegenstand kann auf der Netzhaut abgebildet werden, ohne die Wahrnehmung zu gewährleisten. Es muss versucht werden, die Aufmerksamkeit auf die vielen Dinge zu konzentrieren, die die Welt unseren Sinnen präsentiert. Ein Mann sagte einmal zu den Schülern einer großen Schule, die alle Kühe gesehen hatten: "Ich würde gerne herausfinden, wie viele von euch wissen, ob sich die Ohren einer Kuh über, unter, hinter oder vor ihren Hörnern befinden. Ich möchte, dass nur die Schülerinnen und Schüler die Hand heben, die sich über die Lage im Klaren sind und die versprechen, einen Dollar für wohltätige Zwecke zu spenden, wenn sie falsch antworten. Es wurden nur zwei Hände gehoben. Ihre Besitzer hatten Kühe gezeichnet, und um das zu tun, waren sie gezwungen, ihre Aufmerksamkeit auf die Tiere zu richten. Fünfzehn Schülerinnen und Schüler waren sich sicher, dass sie Katzen auf Bäume klettern und von ihnen herabsteigen gesehen hatten. Es herrschte die einhellige Meinung, dass die Katzen mit dem Kopf voran auf den Baum kletterten. Auf die Frage, ob die Katzen mit dem Kopf oder dem Schwanz zuerst herunterkamen, war die Mehrheit sicher, dass die Katzen abstiegen, wie man es sonst nicht kannte. Jeder, der jemals die Form der Krallen eines Raubtiers bemerkt hatte, hätte die Frage beantworten können, ohne einen tatsächlichen Abstieg zu sehen. Bauernjungen, die schon oft Kühe und Pferde liegen und aufstehen gesehen haben, sind sich selten sicher, ob die Tiere mit den Vorder- oder Hinterpfoten zuerst aufstehen, oder ob die Gewohnheit des Pferdes in dieser Hinsicht mit der der Kuh übereinstimmt. Die Ulme hat über ihr Blatt eine Besonderheit, die allen beim ersten Anblick auffallen sollte, und doch konnten nur etwa fünf Prozent einer bestimmten Schule diese Besonderheit in eine Zeichnung einfließen lassen, obwohl sie sich auf dem Papier sehr leicht skizzieren lässt. Die Wahrnehmung muss, um zufriedenstellende Ergebnisse zu erzielen, den Willen zu ihrer Unterstützung einsetzen, um die Aufmerksamkeit zu konzentrieren. Nur der kleinste Teil dessen, was uns zu irgendeinem Zeitpunkt auf unsere Sinne fällt, wird tatsächlich wahrgenommen".

Die Art und Weise, den Geist zu trainieren, um klare Eindrücke zu erhalten und diese deshalb im Gedächtnis zu behalten, besteht einfach darin, den Willen und die Aufmerksamkeit auf die Objekte zu konzentrieren, indem man sich bemüht, sie klar und deutlich zu sehen, und sich dann einige Zeit später darin zu üben, an die Einzelheiten des Objekts zu erinnern. Es ist erstaunlich, wie schnell man sich in dieser Hinsicht durch ein wenig Übung verbessern kann. Und es ist verblüffend, wie schnell man in kurzer Zeit einen gewissen Grad an Fertigkeit in dieser Praxis erlangen kann. Sie haben sicherlich die alte Geschichte von Houdini, dem französischen Zauberer, gehört, der seine Erinnerung an die Eindrücke des Sehens dadurch förderte, dass er einem einfachen Plan folgte. Er begann mit der Übung, indem er die Anzahl der kleinen Objekte in den Pariser Schaufenstern bemerkte, die er mit einem schnellen Blick sehen und behalten konnte, als er schnell am Fenster vorbei ging. Er folgte dem Plan, die Dinge, die er sah und an die er sich erinnerte, auf Papier zu notieren. Zuerst konnte er sich nur an zwei oder drei Artikel im Fenster erinnern. Dann fing er an, mehr zu sehen und sich zu erinnern, und so weiter, wobei er jeden Tag sein Wahrnehmungs- und Erinnerungsvermögen verstärkte, bis er schließlich in der Lage war, fast jeden kleinen

Artikel in einem großen Schaufenster zu sehen und sich an sie zu erinnern, nachdem er nur einen einzigen Blick darauf geworfen hatte. Andere haben diesen Weg als ausgezeichnet empfunden und ihre Wahrnehmungsfähigkeit stark entwickelt und gleichzeitig ein erstaunlich gutes Gedächtnis für die gesehenen Gegenstände entwickelt. Es ist alles eine Frage des Gebrauchs und der Praxis. Das Experiment von Houdin kann unendlich variiert werden, mit ausgezeichneten Ergebnissen.

Die Hindus trainieren ihre Kinder in diesem Sinne, indem sie mit ihnen das "Sehspiel" spielen. Dieses Spiel wird gespielt, indem man den Kindern eine Reihe von kleinen Gegenständen präsentiert, auf die sie aufmerksam blicken und die anschließend ihrer Sicht entzogen werden. Die Kinder bemühen sich dann, sich gegenseitig zu übertreffen, indem sie die Namen der Objekte, die sie gesehen haben, aufschreiben. Die Anzahl der Objekte ist zunächst gering, wird aber jeden Tag erhöht, bis eine erstaunliche Anzahl wahrgenommen und erinnert wird.

Rudyard Kipling gibt in seinem großen Buch "Kim" ein Beispiel für dieses Spiel, das von "Kim" und einem geübten einheimischen Jugendlichen gespielt wird. Lurgan Sahib legt den beiden Jungen ein Tablett mit Juwelen und Edelsteinen vor, so dass sie es kurz vor der Entfernung aus dem Blickfeld betrachten können. Dann beginnt der Wettbewerb wie folgt: "'Unter diesem Papier liegen fünf blaue Steine, ein großer, ein kleiner und drei kleine", sagte Kim in aller Eile. Es sind vier grüne Steine, und einer hat ein Loch; ein gelber Stein ist durchsichtig, und einer ist wie ein Pfeifenstiel. Da sind zwei rote Steine, und - und - und gib mir etwas Zeit -". Aber Kim hatte die Grenze seiner geistigen Möglichkeiten erreicht. Dann kam der einheimische Junge an die Reihe. "Hört mich zählen', rief das einheimische Kind. 'Zuerst gibt es zwei fehlerhafte Saphire, einen mit zwei Rillen und einer mit vier, wie ich beurteilen muss. Der mit vier Rillen versehene Saphir ist an der Kante angeschlagen. Es gibt einen türkisfarbenen Türkestan, schlicht mit grünen Adern, und zwei beschriftet - einer mit dem Namen Gottes in vergoldeter Farbe, und der andere hat einen Riss, denn er stammt aus einem alten Ring, den ich nicht mehr deuten kann. Wir haben jetzt die fünf blauen Steine; vier geflammte Smaragde gibt es, aber einer ist an zwei Stellen durchbohrt, und der andere ist etwas angeschnitten". 'Ihr Gewicht?', sagte Lurgan Sahib, unempfindlich. 'Drei-Fünf-fünf, wie ich es beurteile. Es enthält ein Stück alten grünlichen Bernstein und einen billigen geschnittenen Topas aus Europa. Es gibt einen Rubin aus Burma, ohne einen Fehler. Und es gibt einen Ballas-Rubin, fehlerhaft. Es gibt ein geschnitztes Elfenbein aus China, das eine Ratte darstellt, die an einem Ei saugt; und es gibt eine letzte ... – Ah - ha! - eine Kugel aus Kristall, so groß wie eine Bohne, die in Blattgold gefasst ist.'". Kim ist beschämt über seine schlechten Treffer und erbittet das Geheimnis. Die Antwort lautet: "Indem man es viele Male hintereinander macht, bis es perfekt gelingt, denn es lohnt sich, das zu tun.

Viele Lehrer haben Pläne verfolgt, die dem gerade erwähnten ähnlich sind. Eine Reihe von kleinen Artikeln wird freigelegt, und die Schülerinnen und Schüler werden geschult, sie zu sehen und sich an sie zu erinnern, wobei dieser Prozess allmählich immer schwieriger wird. Ein bekannter amerikanischer Lehrer hatte die Angewohnheit, schnell eine Anzahl von Punkten auf der Tafel zu zeichnen und sie dann zu löschen, bevor die Schüler sie auf die übliche Weise zählen konnten. Die Kinder bemühten sich dann, ihre geistigen Eindrücke zu zählen, und schon bald konnten sie die Zahl bis zu zehn oder mehr mit Leichtigkeit richtig benennen. Sie sagten, sie könnten "sechs" bzw. "zehn" sehen, automatisch und scheinbar ohne die Mühe des bewussten Zählens. In Werken, die sich mit der Aufdeckung von Verbrechen befassen, ist es so, dass in den berühmten "Diebstahlschulen" in Europa die jungen Diebe auf ähnliche Weise ausgebildet werden, wobei die alten Schurken als Lehrer fungieren, die den Jungen eine Reihe von kleinen Artikeln vorführen und von ihnen verlangen, genau das zu erzählen, was sie gesehen haben. Dann folgt ein anspruchsvollerer Unterricht, bei dem die jungen Diebe aufgefordert werden, sich die Gegenstände in einem Raum einzuprägen; den Plan von Häusern usw. Sie werden losgeschickt, um "das Land auszuspähen", um zukünftige Raubüberfälle in Gestalt von Bettlern, die um Almosen bitten, zu begehen und so einen schnellen Blick in Häuser, Büros und Geschäfte zu werfen. Man sagt, dass sie mit einem einzigen Blick die Lage aller Türen, Fenster, Schlösser, Riegel usw. erkennen können.

In vielen Nationen gibt es Spiele für Jungen, bei denen die Jugendlichen nach einem kurzen Blick sehen und sich erinnern müssen. Die Italiener haben ein Spiel namens "Morro", bei dem ein Junge eine Anzahl von Fingern ausstreckt, die von dem anderen Jungen sofort benannt werden müssen, wobei ein Fehlschlag zu einer Niederlage führt. Die chinesischen Jugendlichen haben ein ähnliches Spiel, während die japanischen Jungen dies auf eine Wissenschaft reduzieren. Ein gut ausgebildeter japanischer Jugendlicher wird sich nach einem scharfen Blick in den Raum den gesamten Inhalt des Raumes merken können. Viele der Orientalen haben diese Fähigkeit in einem fast unglaublichen Ausmaß entwickelt. Aber das Prinzip ist in allen Fällen dasselbe - allmähliches Üben und Üben, beginnend mit einer kleinen Anzahl einfacher Dinge, und dann die Anzahl und Komplexität der Objekte erhöhen.

Die Fähigkeit ist nicht so selten, wie man sich das auf den ersten Blick vorstellen könnte. Nehmen Sie einen Mann in einem kleinen Geschäft, und lassen Sie ihn den Laden eines Konkurrenten betreten, und sehen Sie, wie viele Dinge er nach ein paar Minuten an diesem Ort beobachten und sich daran erinnern wird. Lassen Sie einen Schauspieler ein Stück in einem anderen Theater besuchen, und sehen Sie, wie viele Details der Aufführung er bemerken und sich daran erinnern wird. Lassen Sie einige Frauen einen neuen Nachbarn besuchen und dann sehen, wie viele Dinge in diesem Haus sie gesehen haben und sich daran erinnern, um danach an ihre vertrauten Freundinnen weitergereicht zu werden. Es ist die alte Geschichte von Aufmerksamkeit, die dem Interesse folgt, und Erinnerung, die der

Aufmerksamkeit folgt. Ein erfahrener Whist-Spieler sieht und erinnert sich an jede Karte, die im Spiel gespielt wurde, und daran, wer sie gespielt hat. Ein Schach- oder Dame-Spieler wird die vorherigen Züge im Spiel sehen und sich daran erinnern, wenn er Experte ist, und kann sie danach erzählen. Eine Frau wird einkaufen gehen und wird Tausende von Dingen sehen und sich an sie erinnern, die ein Mann niemals gesehen hätte, geschweige denn sich an sie erinnern würde. Wie Houdini sagte: "So kann ich zum Beispiel mit Sicherheit behaupten, dass eine Dame, die in einem Wagen bei voller Geschwindigkeit einen anderen passieren sah, Zeit hatte, ihre Kleidung von der Kopfbedeckung bis zu den Schuhen zu analysieren, und nicht nur die Mode und Qualität der Sachen beschreiben kann, sondern auch sagen kann, ob die Spitze echt oder nur maschinell hergestellt ist. Ich kenne Frauen, die so etwas tun."

Aber denken Sie daran, denn es ist wichtig: Was immer in dieser Richtung durch Aufmerksamkeit, inspiriert durch Interesse, getan werden kann, kann durch vom Willen gelenkte Aufmerksamkeit verstärkt werden. Mit anderen Worten: Der Wunsch, die Aufgabe zu erfüllen, fügt ein künstliches Interesse hinzu und erzeugt ein ebenso wirksames künstliches Interesse wie das natürliche Gefühl. Und mit dem Fortschreiten des Spiels wird das Interesse an der Spielaufgabe neues Interesse hinzufügen, und Sie können jede der oben genannten Leistungen verdoppeln. Es ist alles eine Frage der Aufmerksamkeit, des Interesses (natürlich oder induziert) und der Übung. Beginnen Sie mit einem Satz Dominosteine, wenn Sie möchten, und versuchen Sie, sich an die Punkte zu erinnern, die Sie mit einem raschen Blick auf zwei oder drei davon sehen. Wenn Sie die Anzahl nach und nach erhöhen, erreichen Sie eine Wahrnehmungskraft und ein Gedächtnis für visuelle Eindrücke, die fast wunderbar erscheinen werden. Und Sie werden nicht nur beginnen, sich an Dominosteine zu erinnern, sondern Sie werden auch in der Lage sein, Tausende von kleinen Details von Interesse wahrzunehmen und sich an alles zu erinnern, was Ihnen bisher entgangen ist. Das Prinzip ist sehr einfach, aber die

Ergebnisse, die durch die Praxis erzielt werden können, sind wunderbar.

Das Problem mit den meisten von Ihnen ist, dass sie, ohne zu sehen - zwar geguckt, aber nicht beobachtet haben. Die Objekte um Sie herum waren nicht mehr in Ihrem geistigen Fokus. Wenn Sie nur Ihren mentalen Fokus ändern, können Sie sich mit Hilfe Ihres Willens und Ihrer Aufmerksamkeit von den unachtsamen Methoden des Blickens und Beobachtens befreien, die Ihren Erfolg behindert haben. Sie haben es auf Ihr Gedächtnis zurückgeführt, aber der Fehler liegt in Ihrer Wahrnehmung. Wie kann sich das Gedächtnis erinnern, wenn ihm nichts in Form von klaren Eindrücken gegeben wird? Sie waren in dieser Angelegenheit wie kleine Säuglinge - jetzt ist es an der Zeit, dass Sie anfangen, "aufzustehen und aufzupassen", ganz gleich, wie alt Sie sind. Die ganze Sache ist in einer Nussschale: Um sich an die Dinge zu erinnern, die vor Ihrem Augenlicht vorübergehen, müssen Sie anfangen, mit Ihrem Verstand zu sehen, statt mit Ihrer Netzhaut. Lassen Sie den Eindruck über Ihre Netzhaut in Ihren Verstand gelangen. Wenn Sie dies tun, werden Sie feststellen, dass die Erinnerung "den Rest" erledigt.

KAPITEL X. DAS HÖREN TRAINIEREN.

Der Gehörsinn ist einer der wichtigsten Sinne oder Wege, über die wir Eindrücke von der Außenwelt erhalten. Tatsächlich rangiert er fast so gut wie der Sehsinn. Beim Geschmacks-, Tast- und Geruchssinn besteht ein direkter Kontakt zwischen der empfindlichen Nervensubstanz des Empfängers und den Partikeln des wahrgenommenen Objekts, während beim Seh- und beim Hörsinn die Wahrnehmung über Lichtwellen (im Falle des Sehens) oder über Schallwellen in der Luft (im Falle des Hörens) vermittelt wird. Darüber hinaus werden beim Geschmacks-, Geruchs- und Tastsinn die wahrgenommenen Gegenstände in direkten Kontakt mit dem peripheren Nervenapparat gebracht, während beim Seh- und Hörsinn die Nerven in eigentümlichen und feinen Bläschen enden, die eine flüssige Substanz enthalten, durch die der Sinneseindruck an den eigentlichen Nerv übertragen wird. Der Verlust dieser fluiden Substanz zerstört die Fähigkeit, Eindrücke zu empfangen, und es kommt zu Taubheit oder Blindheit. Wie Foster sagt: "Schallwellen, die auf den Hörnerv selbst fallen, haben keinerlei Wirkung; erst wenn sie durch das Medium der Endolymphe auf die feinen und eigentümlichen Epithelzellen, die die peripheren Endungen des Nervs bilden, einwirken, entstehen Klangempfindungen".

So wie es wahr ist, dass der Geist und nicht das Auge wirklich sieht, so ist es wahr, dass der Geist und nicht das Ohr wirklich hört. Viele Töne erreichen das Ohr, die vom Verstand nicht registriert werden. Wir gehen eine überfüllte Straße entlang, die Wellen vieler Geräusche erreichen die Nerven des Ohrs, und doch akzeptiert der Verstand die Geräusche von nur wenigen Dingen, insbesondere wenn die Neuheit der Geräusche vorbei ist. Das ist in diesem Fall eine Frage des Interesses und der Aufmerksamkeit, ebenso wie im Fall des Hörens. Wie Halleck sagt: "Wenn wir an einem Sommertag auf dem Land an einem offenen Fenster sitzen, können wir viele Reize haben, die an die Pforte der Aufmerksamkeit klopfen: das Ticken einer Uhr, das Geräusch des Windes, das Gackern von Vögeln, das Quaken von Enten, das Bellen von Hunden, das Muhen von Kühen, die Schreie von spielenden Kindern, das Rascheln von Blättern, den Gesang von Vögeln, das Rumpeln von Wagen usw. Wenn sich die Aufmerksamkeit auf eines dieser Dinge richtet, erhält das vorerst die Bedeutung eines Königs auf dem Thron unserer geistigen Welt".

Viele Menschen klagen darüber, dass sie sich nicht an Geräusche oder Dinge, die über den Gehörsinn in den Verstand gelangen, erinnern können, und schreiben die Probleme einem Defekt der Hörorgane zu. Dabei übersehen sie jedoch die eigentliche Ursache der Probleme, denn es ist eine wissenschaftliche Tatsache, dass viele dieser Personen einen perfekt entwickelten und bestens funktionierenden Hörapparat haben - ihre Probleme entstehen durch eine mangelnde Ausbildung des geistigen Hörvermögens. Mit anderen Worten, die Probleme liegen in ihrem Kopf und nicht in den Hörorganen. Um das Vermögen des richtigen Hörens und des richtigen Gedächtnisses für das Gehörte zu erwerben, muss das geistige Hörvermögen trainiert und entwickelt werden. Bei einer Reihe von Menschen, deren Hörapparat ebenso perfekt ist, werden wir feststellen, dass einige viel besser "hören" als andere; und einige hören bestimmte Dinge besser als andere; und dass es einen großen Unterschied in den Graden und dem Ausmaß der Erinnerung an das Gehörte gibt. Wie Kay sagt: "Es gibt große Unterschiede zwischen den Individuen in Bezug auf die Schärfe dieses Sinnes (des Hörens), und einige verfügen in bestimmten Bereichen über ein besseres Hörvermögen als in anderen. Einer, dessen Gehör für den Klang im Allgemeinen gut ist, hat vielleicht noch ein schwaches Gehör für musikalische Töne; und andererseits kann einer, der ein gutes Gehör für Musik hat, in Bezug auf das Hören im Allgemeinen noch unzulänglich sein. Das Geheimnis liegt in dem Grad des Interesses und der Aufmerksamkeit, die man dem jeweiligen Klangerzeuger widmet.

Es ist eine Tatsache, dass der Verstand die leisesten Töne von Dingen hört, bei denen das Interesse und die Aufmerksamkeit im Mittelpunkt stehen, während er gleichzeitig Dinge ignoriert, an denen kein Interesse besteht und denen die Aufmerksamkeit nicht zugewandt ist. Eine schlafende Mutter wird beim geringsten Wimmern ihres Babys aufwachen, während das Grollen eines schweren Wagens auf der Straße oder sogar das Abfeuern eines Gewehrs in der Nachbarschaft von ihr vielleicht nicht bemerkt wird. Ein Ingenieur wird den geringsten Unterschied im Surren oder Brummen seines Motors feststellen, während er draußen ein sehr lautes Geräusch nicht registriert. Ein Musiker wird die geringste Abweichung in einem Konzert bemerken, in dem eine große Anzahl von Instrumenten gespielt wird und in dem eine große Geräuschkulisse das Ohr erreicht, während andere Geräusche für ihn unhörbar sind. Der Mann, der an die Räder eines Eisenbahnwaggons klopft, ist in der Lage, den geringsten Tonunterschied zu erkennen und wird so darüber informiert, dass ein Riss oder Fehler im Rad vorhanden ist. Wer mit großen Mengen von Münzen umgeht, wird auf den kleinsten Unterschied im "Kranz" eines Gold- oder Silberstücks aufmerksam werden, der ihn darauf hinweist, dass mit der Münze etwas nicht stimmt. Ein Zugführer wird das merkwürdige Surren von etwas erkennen, dass mit dem Zug hinter ihm etwas nicht stimmt, inmitten all des donnernden Rasselns und Brüllens, in dem er sich befindet. Der Vorarbeiter in einer Maschinenwerkstatt erkennt auf die gleiche Weise das kleine seltsame Geräusch, das ihn darauf hinweist, dass etwas nicht stimmt, und schaltet sofort den Strom ab. Telegrafisten sind in der Lage, die kaum wahrnehmbaren Unterschiede im Klang ihrer Apparate zu erkennen, die sie darüber informieren, dass ein neuer Operator in der Leitung ist; oder einfach nur, wer die Nachricht sendet; und in einigen Fällen auch die Stimmung oder das Temperament der Person, die sie übermittelt. Eisenbahner und Dampfschiffer erkennen die Unterschiede zwischen jeder Maschine oder jedem Boot auf ihrer Strecke bzw. auf ihrem Fluss. Ein erfahrener Arzt wird die schwachen

Geräusche erkennen, die auf Atembeschwerden oder ein "Herzgeräusch" bei den Patienten hinweisen. Und doch werden gerade diese Menschen, die die oben erwähnten schwachen Unterschiede im Klang erkennen können, in anderen Dingen oft als "schlechte Hörende" bezeichnet. Warum? Ganz einfach, weil sie nur das hören, was sie interessiert und auf das ihre Aufmerksamkeit gerichtet ist. Das ist das ganze Geheimnis, und darin liegt auch das Geheimnis der Schulung der Hörwahrnehmung. Es ist alles eine Frage des Interesses und der Aufmerksamkeit - die Details hängen von diesen Prinzipien ab.

In Anbetracht der soeben dargelegten Tatsachen wird man sehen, dass das Heilmittel für "schlechtes Hören" und schlechtes Gedächtnis für Gehörtes in der Anwendung des Willens in Richtung freiwillige Aufmerksamkeit und Interesse zu finden ist. Dies ist so wahr, dass einige Experten so weit gehen, zu behaupten, dass viele Fälle von angeblich leichter Taubheit in Wirklichkeit nur das Ergebnis mangelnder Aufmerksamkeit und Konzentration der betroffenen Person sind. Kay sagt: "Was gemeinhin als Taubheit bezeichnet wird, ist nicht selten auf diese Ursache zurückzuführen - wobei die Geräusche zwar gehört, aber nicht interpretiert oder erkannt werden ... Geräusche können deutlich gehört werden, wenn die Aufmerksamkeit auf sie gerichtet ist, die unter normalen Umständen nicht wahrnehmbar wären; und die Menschen hören oft nicht, was ihnen gesagt wird, weil sie nicht aufpassen. Harvey sagt: "Dass die Hälfte der bestehenden Taubheit das Ergebnis von Unaufmerksamkeit ist, kann nicht bezweifelt werden. Es gibt nur wenige Personen, die nicht die Erfahrung gemacht haben, einige Langweiler zu ertragen, deren Worte zwar deutlich gehört wurden, deren Bedeutung aber aufgrund von Unaufmerksamkeit und Desinteresse völlig verloren ging. Kirkes fasst die Angelegenheit mit diesen Worten zusammen: "Beim Hören müssen wir zwei verschiedene Punkte unterscheiden - die hörbare Empfindung, wie sie sich ohne jede intellektuelle Einmischung entwickelt, und die Vorstellung, die wir als Folge dieser Empfindung bilden.

Der Grund dafür, dass viele Menschen sich nicht an Dinge erinnern, die sie gehört haben, liegt einfach darin, dass sie nicht richtig zugehört haben. Schlechtes Zuhören ist viel häufiger, als man zunächst annehmen würde. Ein wenig Selbstuntersuchung wird Ihnen die Tatsache offenbaren, dass Sie der schlechten Gewohnheit der Unaufmerksamkeit verfallen sind. Man kann natürlich nicht alles anhören - das wäre nicht ratsam. Aber man sollte sich die Gewohnheit aneignen, entweder wirklich zuzuhören oder aber überhaupt nicht zuzuhören. Der Kompromiss des unachtsamen Zuhörens führt zu bedauerlichen Ergebnissen und ist wirklich der Grund dafür, dass so viele Menschen sich "nicht erinnern" können, was sie gehört haben. Es ist alles eine Frage der Gewohnheit. Personen, die sich nur schlecht an die Eindrücke im Ohr erinnern können, sollten anfangen, ernsthaft zuzuhören. Um die verlorene Gewohnheit des richtigen Zuhörens wieder zu erlangen, müssen sie freiwillig Aufmerksamkeit und Interesse entwickeln. Die folgenden Vorschläge können in dieser Richtung nützlich sein.

Versuchen Sie, sich die Wörter, die im Gespräch zu Ihnen gesprochen werden, einzuprägen - einige Sätze oder sogar nur einen Satz auf einmal. Sie werden feststellen, dass die Anstrengung, die Sie unternehmen, um den Satz in Ihrem Gedächtnis festzuhalten, zu einer Konzentration der Aufmerksamkeit auf die Worte des Sprechers führt. Tun Sie dasselbe, wenn Sie einem Prediger, Schauspieler oder Dozenten zuhören. Wählen Sie den ersten Satz aus, den Sie auswendig lernen wollen, und entscheiden Sie sich, dass Ihr Gedächtnis wie Wachs sein wird, um den Eindruck zu erhalten, und wie Stahl, um ihn zu behalten. Hören Sie sich die verirrten Gesprächsfetzen an, die Ihnen beim Gehen auf der Straße zu Ohren kommen, und versuchen Sie, sich den einen oder anderen Satz einzuprägen, als würden Sie ihn später am Tag wiederholen. Studieren Sie die verschiedenen Töne, Ausdrücke und Beugungen in den Stimmen der Personen, die zu Ihnen sprechen - Sie werden dies sehr interessant und hilfreich finden. Sie werden überrascht sein, welche Details eine solche Analyse enthüllen wird. Hören Sie sich die

Schritte verschiedener Personen an und versuchen Sie, zwischen ihnen zu unterscheiden - jede hat ihre Eigenheiten. Lassen Sie sich die eine oder andere Zeile von Poesie oder Prosa vorlesen und versuchen Sie dann, sich daran zu erinnern. Ein wenig Übung dieser Art wird die Kraft der freiwilligen Aufmerksamkeit für Töne und gesprochene Worte stark entwickeln. Aber vor allem sollten Sie sich so weit wie möglich darin üben, die Wörter und Laute zu wiederholen, die Sie sich eingeprägt haben - denn dadurch werden Sie es sich zur Gewohnheit machen, sich für Klangeindrücke zu interessieren. Auf diese Weise verbessern Sie nicht nur den Hörsinn, sondern auch das Erinnerungsvermögen.

Wenn Sie die obigen Bemerkungen und Anweisungen analysieren und zusammenfassen, werden Sie feststellen, dass der Kern der ganzen Angelegenheit darin besteht, dass man das geistige Hörvermögen tatsächlich aktiv und intelligent nutzen, einsetzen und ausüben sollte. Die Natur hat eine Art, jede Fähigkeit, das nicht benutzt oder ausgeübt wird, einzuschläfern oder verkümmern zu lassen, und auch jede Fähigkeit, die richtig eingesetzt und ausgeübt wird, zu fördern, zu entwickeln und zu stärken. Darin liegt das Geheimnis. Nutzen Sie es. Wenn Sie gut zuhören, werden Sie gut hören und sich an das Gehörte gut erinnern.

KAPITEL XI. WIE MAN SICH NAMEN MERKEN KANN.

Die Phase der Erinnerung, die mit der Erinnerung oder dem Wiedererkennen von Namen verbunden ist, ist wahrscheinlich für die Mehrheit der Personen von größerem Interesse als jede der damit verbundenen Phasen des Themas. Überall finden sich Menschen, denen es peinlich ist, dass sie sich nicht an den Namen eines Menschen erinnern können, den sie zwar zu kennen glauben, dessen Name ihnen aber entgangen ist. Dieses Versäumnis, sich an die Namen von Personen zu erinnern, beeinträchtigt zweifellos den geschäftlichen und beruflichen Erfolg vieler Personen; und andererseits hat die Fähigkeit, sich leicht an Namen zu erinnern, vielen Personen im Kampf um den Erfolg geholfen. Es scheint, dass es mehr Personen gibt, denen es beim Erinnern an Namen mangelt als bei jeder anderen Form des Gedächtnisses. Wie Holbrook gesagt hat: "Das Erinnern von Namen ist ein Thema, an dem die meisten Personen ein mehr als nur vorübergehendes Interesse haben müssen ... Die Zahl der Personen, die einen Namen nie oder selten vergessen, ist äußerst gering, die Zahl derer, die ein schlechtes Gedächtnis dafür haben, ist sehr groß. Der Grund dafür ist zum Teil ein kleiner Mangel in der geistigen Entwicklung und zum Teil eine Gewohnheitssache. In beiden Fällen kann es durch Anstrengung überwunden werden.... Ich habe mich durch Erfahrung und Beobachtung davon überzeugt, dass das Gedächtnis für Namen nicht nur um das Zwei-, sondern um das Hundertfache gesteigert werden kann".

Sie werden feststellen, dass die Mehrheit der erfolgreichen Menschen in der Lage war, sich an die Gesichter und Namen derer zu erinnern, mit denen sie in Kontakt kamen, und es ist ein interessantes Thema zum Spekulieren, wie viel ihres Erfolges dieser Fähigkeit zu verdanken ist. Sokrates soll sich die Namen aller seiner Schüler leicht gemerkt haben, und seine

Vorlesungen zählten im Laufe eines Jahres Tausende. Xenophon soll den Namen jedes einzelnen seiner Soldaten gekannt haben, wobei die Namen der Soldaten auch von Washington und Napoleon verwendet wurden. Trajan soll die Namen aller Prätorianergarden gekannt haben, von denen es etwa 12.000 gab. Perikles kannte das Gesicht und den Namen jedes einzelnen Athener Bürgers. Cineas soll die Namen aller Bürger Roms gekannt haben. Themistokles kannte die Namen von 20.000 Athenern. Lucius Scipio konnte jeden Bürger Roms beim Namen nennen. John Wesley konnte sich an die Namen von Tausenden von Personen erinnern, die er auf seinen Reisen kennen gelernt hatte. Henry Clay wurde speziell in dieser Art der Erinnerung ausgebildet, und es gab eine Tradition unter seinen Anhängern, dass er sich an jeden Einzelnen erinnerte, dem er begegnet war. Blaine hatte einen ähnlichen Ruf.

Es wurden viele Theorien aufgestellt und Erklärungen angeboten, um die Tatsache zu erklären, dass das Erinnern von Namen weitaus schwieriger ist als jede andere Form von Aktivitäten der Erinnerung. Wir werden Ihre Zeit nicht in Anspruch nehmen, um diese Theorien durchzugehen, sondern mit der Theorie fortfahren, die jetzt von den besten Autoritäten allgemein akzeptiert wird, d.h., dass die Schwierigkeit bei der Erinnerung von Namen dadurch verursacht wird, dass Namen an sich uninteressant sind und daher nicht die Aufmerksamkeit auf sich ziehen oder halten, wie andere Gegenstände, die dem Verstand präsentiert werden. Es ist natürlich zu bedenken, dass Klangeindrücke schwieriger zu erinnern sind als visuelle Eindrücke, aber der Mangel an interessanten Eigenschaften von Namen gilt als das Haupthindernis und die Hauptschwierigkeit. Fuller sagt zu diesem Thema: "Ein Eigenname bedeutet nichts, wenn er unabhängig von zufälligen Merkmalen der Übereinstimmung mit etwas Vertrautem betrachtet wird; aus diesem Grund ist es nicht leicht, eine Vorstellung von dem, was er repräsentiert, zu bekommen. Dies erklärt die Tatsache, dass die primitive, langweilige Art des Auswendiglernens oder der Wiederholung diejenige ist, die normalerweise eingesetzt wird, um dem Gedächtnis einen Eigennamen aufzuprägen, während ein gewöhnliches Substantiv, das durch einen Gegenstand dargestellt wird, der in der physischen oder mentalen Wahrnehmung Form oder Wirkung hat, auf diese Weise gesehen oder vorgestellt werden kann: Mit anderen Worten, es kann ein geistiges Bild davon geformt und der Name anschließend identifiziert werden, indem man ihn mit diesem geistigen Bild assoziiert." Wir denken, dass der Sachverhalt in diesem Zitat vollständig wiedergegeben ist.

Aber trotz dieser Schwierigkeit haben die Menschen die Möglichkeit, ihr Namensgedächtnis erheblich zu verbessern. Viele, die ursprünglich in dieser Hinsicht sehr unzulänglich waren, haben nicht nur die Fähigkeit weit über ihren früheren Zustand hinaus verbessert, sondern auch eine außergewöhnliche Fähigkeit in dieser speziellen Form des Gedächtnisses entwickelt, so dass sie für ihre unfehlbare Erinnerung an die Namen derer, mit denen sie in Kontakt kamen, bekannt wurden.

Vielleicht ist die beste Art und Weise, Ihnen die verschiedenen Methoden, die zu diesem Zweck angewandt werden können, zu vermitteln, indem man Ihnen die tatsächliche Erfahrung eines Herrn erzählt, der in einer Bank in einer der großen Städte dieses Landes angestellt war, und der sich intensiv mit dem Thema auseinandergesetzt und sich weit über das Gewöhnliche hinaus entwickelt hat. Angefangen mit einem bemerkenswert schlechten Namensgedächtnis, ist er heute seinen Mitarbeitern als "der Mann, der nie einen Namen vergisst" bekannt. Dieser Herr belegte zunächst eine Reihe von "Kursen" in geheimen "Methoden" zur Entwicklung des Gedächtnisses; aber nachdem er so viel Geld ausgegeben hatte, drückte er seine Abscheu vor der ganzen Idee eines künstlichen Gedächtnistrainings aus. Dann begann er, das Thema aus der Sicht der neuen Psychologie zu studieren, wobei er alle erprobten Prinzipien umsetzte und einige ihrer Details verbesserte. Wir haben eine Reihe von Gesprächen mit diesem Herrn geführt und festgestellt, dass seine Erfahrung viele unserer eigenen Ideen und Theorien bestätigt, und die Tatsache, dass er die Korrektheit der Prinzipien in einem so bemerkenswerten Ausmaß demonstriert hat, macht seinen Bericht zu einem Vorschlag, der es wert ist, als Leitfaden und "Methode" für andere, die ihr Namensgedächtnis entwickeln wollen, genannt zu werden.

Der Herr, den wir "Herr X." nennen werden, beschloss, dass er als erstes seine Fähigkeit entwickeln müsse, klare und deutliche Klangeindrücke zu erhalten. Dabei folgte er dem Plan, den wir in unserem Kapitel "Training des Ohres" skizziert haben. Er beharrte darauf und übte in dieser Richtung, bis sein "Gehör" sehr scharf wurde. Er machte eine Studie über Stimmen, bis er sie klassifizieren und ihre Eigenschaften analysieren konnte. Dann stellte er fest, dass er Namen in einer Weise hören konnte, die ihm vorher unmöglich war. Das heißt, anstatt nur einen vagen Klang eines Namens zu hören, hörte er ihn so klar und deutlich, dass eine feste Speicherung in den Erinnerungen möglich war. Zum ersten Mal in seinem Leben begannen Namen für ihn eine Bedeutung zu erlangen. Er achtete auf jeden Namen, den er hörte, genauso wie auf jede Note, die er handhabte. Er wiederholte einen Namen vor sich selbst, nachdem er ihn gehört hatte, und verstärkte so den Eindruck. Wenn er auf einen ungewöhnlichen Namen stieß, schrieb er ihn bei der ersten Gelegenheit mehrmals auf, um den Vorteil eines doppelten Sinneseindrucks zu erhalten, indem er den Eindruck von Auge und Ohr ergänzte. All dies weckte natürlich sein Interesse am Thema Namen im Allgemeinen, was ihn zum nächsten Schritt in seiner Entwicklung führte.

Herr X. begann dann, Namen zu studieren, ihre Herkunft, ihre Besonderheiten, ihre Unterschiede, ihre Ähnlichkeiten usw. Er machte sich ein Hobby aus den Namen und zeigte die ganze Freude eines Sammlers, als er in der Lage war, die Aufmerksamkeit auf das Exemplar einer neuen und unbekannten Namensart zu lenken. Er begann, Namen zu sammeln, wie andere Käfer, Briefmarken, Münzen usw. sammeln, und war sehr stolz auf seine Sammlung und sein Wissen über das Thema. Er las Bücher über Namen, aus den Bibliotheken, mit Angabe der Herkunft usw. Er hatte die Freude an "seltsamen" Namen und amüsierte seine Freunde, indem er die lustigen Namen, die er auf Schildern und in anderer Weise gesehen hatte, erzählte. Er nahm ein kleines Stadtverzeichnis mit nach Hause und lief abends über die Seiten, suchte nach neuen Namen und teilte alte Namen in Gruppen ein. Er stellte fest, dass einige Namen von Tieren abgeleitet waren, und ordnete diese in eine eigene Klasse ein - Löwe, Wolf, Fuchs, Lamm, Hase usw. Andere wurden in die Farbgruppe Schwarze, Grüne, Weiße, Graue, Blaue usw. eingeordnet. Andere gehörten der Vogelfamilie an - Krähen, Falken, Vögel, Erpel, Kraniche, Tauben, Eichelhäher usw. Andere gehörten zu den Gewerbetreibenden - Müller, Schmiede, Böttcher, Mälzer, Schreiner, Bäcker, Maler usw. Andere waren Bäume - Kastanien, Eichen, Walnüsse, Kirschen, Kiefern, usw. Dann gab es Hügel und Täler; Felder und Berge; Gassen und Bäche. Einige waren stark, andere waren fröhlich, andere waren wild, wieder andere edel. Und so weiter. Man bräuchte ein ganzes Buch, um zu erfahren, was dieser Mann über Namen herausgefunden hat. Er wurde beinahe zu einem "Spinner" auf diesem Gebiet. Aber sein Hobby begann, ausgezeichnete Ergebnisse zu zeigen, denn sein Interesse war in einem ungewöhnlichen Ausmaß geweckt worden, und er wurde sehr geschickt in der Erinnerung an Namen, denn sie bedeuteten ihm nun etwas. Er erinnerte sich leicht an alle Stammkunden seiner Bank - übrigens eine ganze Reihe, denn die Bank war sehr groß, und viele gelegentliche Einleger freuten sich, von unserem Freund namentlich genannt zu werden. Gelegentlich begegnete er einem Namen, der ihm nicht gefiel. In diesem Fall wiederholte er ihn vor sich selbst und schrieb ihn so oft auf, bis er ihn beherrschte - danach ist er ihm nie mehr entgangen.

Herr X. wiederholte immer einen Namen, wenn er ausgesprochen wurde, und schaute gleichzeitig aufmerksam die Person an, die ihn trug, und schien so beides gleichzeitig in seinem Kopf zu fixieren, wenn er wollte, dass man sie in der Beziehung des jeweils anderen findet. Er erwarb auch die Gewohnheit, den Namen zu visualisieren, d.h. er sah die Buchstaben vor seinem geistigen Auge als Bild. Dies hielt er für einen sehr wichtigen Punkt, und wir stimmen ihm vollkommen zu. Er benutzte das Gesetz der Vereinigung in der Richtung, einen neuen Menschen mit einem gut eingeprägten Menschen gleichen Namens in Verbindung zu bringen. Ein neuer Herr Schmidtzenberger würde mit einem alten Kunden desselben Namens in Verbindung gebracht werden - wenn er den neuen Mann sah, dachte er an den alten, und der Name kam ihm in den Sinn. Zusammenfassend kann man jedoch sagen, dass es im Wesentlichen darum ging, sich für Namen im Allgemeinen zu interessieren. Auf diese Weise wurde ein uninteressantes Thema interessant gemacht - und ein Mensch hat immer ein gutes Gedächtnis für die Dinge, an denen er interessiert ist.

Der Fall von Herrn X. ist ein extremer Fall, und die Ergebnisse, die erzielt wurden, gingen über das Gewöhnliche hinaus. Aber wenn Sie sich ein Beispiel an seinem Buch nehmen, können Sie in dem Maße, in dem Sie dafür arbeiten, die gleichen Ergebnisse erzielen. Machen Sie eine Studie über Namen - beginnen Sie eine Sammlung - und Sie werden keine Schwierigkeiten haben, ein Gedächtnis für sie zu entwickeln. Das ist die ganze Sache in einer Nussschale.

KAPITEL XII. WIE MAN SICH GESICHTER MERKEN KANN.

Das Gedächtnis von Gesichtern ist eng mit dem Gedächtnis von Namen verbunden, und doch sind die beiden nicht immer miteinander verbunden, denn es gibt viele Menschen, die sich leicht Gesichter merken und doch Namen vergessen und umgekehrt. In gewisser Weise ist das Gedächtnis von Gesichtern jedoch ein notwendiger Präzedenzfall für die Erinnerung an die Namen von Menschen. Denn wenn wir uns nicht an das Gesicht erinnern, sind wir nicht in der Lage, die notwendige Verbindung mit dem Namen der Person herzustellen. Wir haben in unserem Kapitel über das Namensgedächtnis eine Reihe von Beispielen für die Erinnerung an Gesichter gegeben, in denen die wunderbare Erinnerung an berühmte Persönlichkeiten, die die Kenntnis und das Gedächtnis von Tausenden von Bürgern einer Stadt oder eines Ortes oder der Soldaten einer Armee erworben haben, dargestellt wird. In diesem Kapitel werden wir uns jedoch nur mit dem Thema der Erinnerung an die Eigenschaften von Personen, unabhängig von ihren Namen, befassen. Diese Fähigkeit besitzen alle Personen, aber in unterschiedlichem Maß. Diejenigen, bei denen dieses Gedächtnis gut entwickelt ist, scheinen die Gesichter von Personen, denen sie Jahre zuvor begegnet sind, zu erkennen und sie mit den Umständen, in denen sie ihnen zuletzt begegnet sind, in Verbindung zu bringen, auch wenn der Name der Erinnerung entgeht. Andere scheinen ein Gesicht in dem Moment zu vergessen, in dem es aus dem Blickfeld verschwindet, und erkennen nicht die gleichen Personen, die sie nur wenige Stunden zuvor getroffen haben, sehr zu ihrer Kränkung und Verärgerung.

Detektive, Zeitungsreporter und andere, die mit vielen Menschen in Kontakt kommen, haben die Fähigkeit sich Gesichter zu merken meist weitgehend entwickelt, denn sie wird zu einer Notwendigkeit ihrer Arbeit, und ihr Interesse und ihre Aufmerksamkeit wird dadurch aktiv. Männer des öffentlichen Lebens haben diese Fähigkeit oft weitgehend durch die Notwendigkeiten ihres Lebens entwickelt. Es wird gesagt, dass James G. Blaine nie das Gesicht von jemandem vergessen hat, den er getroffen und mit dem er sich für einige Augenblicke unterhalten hatte. Diese Fähigkeit machte ihn im politischen Leben sehr beliebt. In dieser Hinsicht ähnelte er Henry Clay, der für seine Erinnerung an Gesichter bekannt war. Es ist von Clay bekannt, dass er einmal eine kleine Stadt in Mississippi auf einer Wahlkampftour für einige Stunden besuchte. Inmitten der Menge, die ihn umgab, war ein alter Mann, dem ein Auge fehlte. Der alte Bursche drängte sich vor und schrie, dass er sicher sei, dass Henry Clay sich an ihn erinnern würde. Clay warf einen scharfen Blick auf ihn und sagte: "Ich habe Sie vor vielen Jahren in Kentucky getroffen, nicht wahr?" "Ja", antwortete der Mann. "Hast du seitdem dein Auge verloren?" fragte Clay. "Ja, einige Jahre danach", antwortete der alte Mann. "Dreh dein Gesicht zur Seite, damit ich dein Profil sehen kann", sagte Clay. Der Mann tat dies. Dann lächelte Clay triumphierend und sagte: "Jetzt habe ich dich. Warst du nicht Geschworener im Innes-Fall in Frankfort, den ich vor über 20 Jahren vor dem US-Gericht verhandelt habe?" "Ja, Sir!" sagte der Mann, "Ich wusste, dass Sie mich kennen, und ich sagte, Sie würden es tun." Und die Menge jubelte und Clay wusste, dass er in der Stadt und im County gut aufgehoben war.

Vidocq, der berühmte französische Detektiv, soll nie ein Gesicht eines Verbrechers vergessen haben, den er einmal gesehen hatte. Ein berühmtes Beispiel für diese Fähigkeit ist der Fall des Fälschers Delafranche, der aus dem Gefängnis entkam und über zwanzig Jahre lang in fremden Ländern lebte. Nach dieser Zeit kehrte er nach Paris zurück und fühlte sich sicher vor Entdeckung, da er eine Glatze bekam, ein Auge verlor und seine Nase stark verstümmelt war. Außerdem verkleidete er sich und trug einen Bart, um der Entdeckung noch weiter zu entgehen. Eines Tages traf Vidocq ihn auf der Straße und erkannte ihn sofort, woraufhin er verhaftet wurde und ins Gefängnis zurückgebracht wurde. Fälle dieser Art könnten beliebig fortgesetzt werden, aber der Lernende wird einen ausreichenden Kontakt zu Personen gehabt haben, die diese Fähigkeit in hohem Maße entwickelt haben, sodass eine weitere Veranschaulichung kaum notwendig ist.

Die Art und Weise, wie diese Phase des Gedächtnisses entwickelt wird, ähnelt der, die bei der Entwicklung anderer Phasen - der Entwicklung von Interesse und der Verleihung von Aufmerksamkeit - gefordert wird. Gesichter als Ganzes sind nicht geeignet, sich als interessant zu erweisen. Erst durch ihre Analyse und Einordnung beginnt die Studie, für uns interessant zu werden. Das Erlernen einer guten elementaren Kenntnis der Physiognomie wird denjenigen empfohlen, die die Fähigkeit des Erinnerns von Gesichtern entwickeln wollen, denn bei einer solchen Arbeit wird der Schüler dazu gebracht, die verschiedenen Arten von Nasen, Ohren, Augen, Kinn, Stirn usw. zu beachten, wobei eine solche Beobachtung und Aufmerksamkeit dazu neigt, ein Interesse an dem Thema der Merkmale zu wecken. Ein rudimentäres Studium der Gesichtszeichnung, insbesondere des Profils, wird ebenfalls dazu führen, dass man "aufmerksam" wird und Interesse weckt. Wenn man eine Nase, vor allem aus dem Gedächtnis, zeichnen soll, wird man dazu geneigt sein, ihr die Aufmerksamkeit zu schenken. Die Sache des Interesses ist entscheidend. Wenn man Ihnen einen Mann zeigt und Ihnen sagt, dass er Ihnen bei der nächsten Begegnung 500 Dollar geben würde, wenn Sie ihn wiedererkennen, werden Sie sein Gesicht genau studieren und ihn später wiedererkennen, während derselbe Mann, wenn er als "Mr. Jones" vorgestellt wird, kein Interesse weckt und die Chancen auf Wiedererkennung gering sind.

Halleck sagt: "Jedes Mal, wenn wir in eine Straßenbahn einsteigen, sehen wir verschiedene Typen von Menschen, und an jedem Typ ist eine Menge zu bemerken. Jedes menschliche Antlitz zeigt demjenigen, der zu schauen weiß, seine Vergangenheit ... Erfolgreiche Spieler werden oft so geübt darin, die geringste Veränderung des Gesichtsausdrucks eines Gegners zu bemerken, dass sie die Stärke seiner Hand an den unwillkürlichen Zeichen im Gesicht ablesen, wobei diese Zeichen häufig sofort überprüft werden, wenn sie auftauchen.

Insbesondere Künstler sind vielleicht eher in der Lage, sich ein klares Bild von den Gesichtszügen der Personen zu machen, denen sie begegnen - besonders wenn sie Porträtmaler sind. Es gibt berühmte Porträtmaler, die ein gutes Porträt anfertigen konnten, nachdem sie einmal das Gesicht des Modells genau studiert hatten, wobei ihr Gedächtnis es ihnen ermöglichte, die Gesichtszüge nach Belieben bildlich darzustellen. Einige berühmte Zeichenlehrer haben ihre Lernende angewiesen, einen scharfen Blick auf eine Nase, ein Auge, ein Ohr oder ein Kinn zu werfen und es dann so deutlich vor Augen zu haben, dass sie es perfekt zeichnen konnten. Es ist alles eine Frage des Interesses, der Aufmerksamkeit und der Übung. Sir Francis Galton zitiert den Fall eines Französischlehrers, der seine Lernenden so gründlich in dieser Richtung ausgebildet hat, dass sie nach einigen Monaten Übung keine Schwierigkeiten hatten, Bilder nach Belieben zu im Geist zu erzeugen, sie festzuhalten und richtig zu zeichnen. Er sagt von der so eingesetzten Visualisierungsfähigkeit: "Eine Fähigkeit, die in allen technischen und künstlerischen Berufen von Bedeutung ist, die unseren Wahrnehmungen Genauigkeit und unseren Verallgemeinerungen Gerechtigkeit verleiht, wird durch bequemes Nichtgebrauchsstreben ausgehungert, anstatt vernünftig so entwickelt zu werden, dass sie im Großen und Ganzen den besten Ertrag bringt. Ich glaube, dass ein ernsthaftes Studium der besten Mittel zur Entwicklung und Nutzung dieser Fähigkeit, unbeschadet der Praxis des abstrakten Denkens in Symbolen, eines der vielen dringenden Erfordernisse in der noch wenig ausgereiften Erziehungswissenschaft ist".

Fuller erzählt von der Methode eines berühmten Malers, die seither von vielen Zeichen- und Gedächtnislehrern gelehrt wurde. Er erzählt sie wie folgt: "Der berühmte Maler Leonardo da

Vinci erfand eine äußerst geniale Methode zur Identifizierung von Gesichtern und soll damit in der Lage gewesen sein, jedes Gesicht, das er einmal sorgfältig untersucht hatte, aus der Erinnerung wiederzugeben. Er zeichnete alle möglichen Formen der Nase, des Mundes, des Kinns, der Augen, der Ohren und der Stirn, nummerierte sie mit 1, 2, 3, 4 usw. und legte sie gründlich in sein Gedächtnis ein; dann, wann immer er ein Gesicht sah, das er aus dem Gedächtnis zeichnen oder malen wollte, notierte er in seinem Geist, dass es Kinn 4, Augen 2, Nase 5, Ohren 6, - oder was auch immer die Kombinationen sein mögen - war, und indem er die Analyse in seinem Gedächtnis behielt, konnte er das Gesicht jederzeit rekonstruieren. Wir konnten den Lernende kaum bitten, ein so kompliziertes System zu versuchen, und doch würde sich eine Modifikation des Systems als nützlich erweisen. Das heißt, wenn man anfangen würde, eine Klassifikation von mehreren Nasenarten zu bilden, sagen wir etwa sieben, die bekannten römischen, jüdischen, griechischen, wobei man die allgemeinen Klassen, in Verbindung mit gerade, krumm, Mops und all den anderen Sorten, erhält, würde man bald Nasen erkennen, wenn man sie sieht. Und dasselbe gilt für Münder, wobei einige wenige Klassen existieren, um die meisten Fälle abzudecken. Aber von allen Merkmalen ist das Auge das ausdrucksstärkste und dasjenige, an das man sich am leichtesten erinnert, wenn man es deutlich wahrnimmt. Detektive verlassen sich sehr auf den Ausdruck des Auges. Wenn Sie jemals den Ausdruck des Auges einer Person voll und ganz erfassen, werden Sie es danach sehr gut erkennen können. Konzentrieren Sie sich daher beim Studium von Gesichtern auf die Augen.

Ein guter Plan bei der Entwicklung dieser Fakultät ist es, die Gesichter von Personen, die man tagsüber getroffen hat, abends zu visualisieren. Versuchen Sie, die Fähigkeit zu entwickeln, die Gesichtszüge derer, die Sie kennen, zu visualisieren - das wird Ihnen einen guten Start ermöglichen. Zeichnen Sie sie in Ihrem Kopf - sehen Sie sie mit Ihrem geistigen Auge, bis Sie die Gesichtszüge sehr alter Freunde visualisieren können; dann machen Sie dasselbe mit Bekannten und so weiter, bis Sie in der Lage sind, die Gesichtszüge aller Personen zu visualisieren, die Sie "kennen". Beginnen Sie dann damit, Ihre Liste zu ergänzen, indem Sie sich in der Vorstellung die Gesichtszüge von Fremden, die Sie treffen, ins Gedächtnis rufen. Durch ein wenig Übung dieser Art werden Sie ein großes Interesse an Gesichtern und einem besseren Gedächtnis dafür entwickeln, und die Fähigkeit, sich an sie zu erinnern, wird schnell zunehmen. Das Geheimnis besteht darin, Gesichter zu studieren - sich für sie zu interessieren. Auf diese Weise bringen Sie Schwung in die Aufgabe und machen aus der Plackerei eine Freude. Auch das Studium von Fotos ist eine große Hilfe bei dieser Arbeit - aber studieren Sie sie im Detail, nicht als Ganzes. Wenn Sie genügend Interesse an den Gesichtszügen und Gesichtern wecken können, wird es Ihnen nicht schwer fallen, sich an sie zu erinnern und sich an sie zu erinnern. Beide Dinge gehören zusammen.

KAPITEL XIII. WIE MAN SICH AN ORTE ERINNERT.

Es gibt einen großen Unterschied in den verschiedenen Entwicklungsgraden des "Ortssinns" bei verschiedenen Personen. Aber diese Unterschiede lassen sich direkt auf den Grad der Erinnerung an diese bestimmte Phase oder Fähigkeit des Geistes zurückführen, die wiederum von dem Grad der Aufmerksamkeit, des Interesses und des Gebrauchs abhängt, der der betreffenden Fähigkeit zuteilwurde. Die Autoritäten der Psychologie definieren die Fähigkeit der " Lokalisierung " wie folgt: "Ortskenntnis; die Erinnerung an das Aussehen von Orten, Straßen, Landschaften und den Standort von Objekten; das Wissen, wo auf einer Karte Dinge zu finden sind, und die Lage im Allgemeinen; die geographische Kenntnis; der Wunsch, Orte zu sehen und die Fähigkeit zu haben, sie zu finden". Personen, bei denen diese Fähigkeit in höchstem Maße entwickelt ist, scheinen eine fast intuitive Vorstellung von Richtung, Ort und Lage zu haben. Sie verirren sich nie oder "verwechseln" die Richtung oder den Ort. Sie erinnern sich an die Orte, die sie besuchen, und an ihre Beziehung im Raum zueinander. Ihr Verstand ist wie eine Karte, auf der die verschiedenen Straßen, Wege und Sehenswürdigkeiten in alle Richtungen eingezeichnet sind. Wenn diese Leute an China, Labrador, Terra del Fuego, Norwegen, Kap der Guten Hoffnung, Tibet oder irgendeinen anderen Ort denken, scheinen sie es in "dieser oder jener Weg-Richtung" zu denken, anstatt als einen vagen Ort, der in einer vagen Richtung liegt. Ihr Verstand denkt "Norden, Süden, Osten oder Westen", je nachdem, ob sie einen bestimmten Ort betrachten. Am anderen Pol des Fachgebiets finden wir Menschen, die es unmöglich zu finden scheinen, sich an eine Richtung, einen Ort oder eine Beziehung im Raum zu erinnern. Solche Menschen verlieren sich ständig in ihrer eigenen Stadt und haben Angst, sich an einem fremden Ort zu trauen. Sie haben keinen Orientierungs- oder Ortssinn und können eine Straße oder Szene, die sie kürzlich gesehen haben, nicht erkennen, ganz zu schweigen von denen, die sie in der Vergangenheit schon einmal durchlaufen haben. Zwischen diesen beiden Polen oder Graden gibt es einen großen Unterschied, und es ist schwer zu erkennen, dass es sich um eine Frage des Nutzens, des Interesses und der Aufmerksamkeit handelt. Das ist es aber, wobei dies von jedem bewiesen werden kann, der sich bemüht, die Fähigkeit und das Gedächtnis für den Ort in seinem Kopf zu entwickeln. Viele haben dies bereits getan, und jeder andere kann es ebenfalls tun, wenn die geeigneten Methoden angewendet werden.

Das Geheimnis der Entwicklung der Fähigkeit und des Gedächtnisses von Ort und Lage ist ähnlich, wie das im vorhergehenden Kapitel erwähnte, in Verbindung mit der Entwicklung des Namensgedächtnisses. Zunächst ist es notwendig, ein Interesse für das Thema zu entwickeln. Man sollte anfangen, die Richtung der Straßen oder Wege, über die man fährt, die Orientierungspunkte, die Kurven der Straße, die natürlichen Objekte entlang des Weges zu "beachten". Man sollte Karten studieren, bis man ein neues Interesse an der Fähigkeit weckt, so wie der Mann, der das Einwohnerverzeichnis benutzt hat, um sein Interesse für Namen zu wecken. Er sollte sich einen kleinen geographischen Atlas beschaffen und die Richtung, Entfernungen, Lage, Form und Gestalt von Ländern usw. studieren, nicht als bloße mechanische Sache, sondern als lebendiges Thema von Interesse. Wenn in bestimmten Teilen der Welt eine große Geldsumme auf Ihr Erscheinen warten würde, würden Sie ein entschiedenes Interesse an der Richtung, dem Ort und der Lage dieser Orte sowie an der besten Möglichkeit, dorthin zu gelangen, bekunden. Schon bald würden Sie ein wahres Nachschlagewerk über diese besonderen Orte sein. Oder, wenn Ihre Liebste an einem solchen Ort auf Sie warten würde, würden Sie das Gleiche tun. Die ganze Sache liegt an dem Grad des "Wollens" in Bezug auf die Sache. Verlangen weckt Interesse; Interesse weckt Aufmerksamkeit; und Aufmerksamkeit bringt Nutzen, Entwicklung und Erinnerung. Deshalb müssen Sie zunächst die Fähigkeit der Lokalisation entwickeln wollen – und zwar "intensiv genug" wollen. Der Rest ist nur eine Frage der Details.

Eines der ersten Dinge, die man tun muss, nachdem man das Interesse geweckt hat, ist, die Orientierungspunkte und die relative Position der Straßen oder Wege, über die man fährt, sorgfältig zu beachten. So viele Menschen fahren auf einer neuen Straße oder einem neuen Weg geistesabwesend und nehmen keine Rücksicht auf die Beschaffenheit des Geländes, während sie vorankommen. Dies ist fatal für das Ortsgedächtnis. Man muss die Durchgangsstraßen und die Dinge auf dem Weg beachten. Halten Sie an den Kreuzungen oder Straßenecken inne und notieren Sie die Orientierungspunkte, die allgemeinen Richtungen und die relativen Positionen, bis diese sich fest in Ihren Gedanken eingeprägt haben. Beginnen Sie zu prüfen, an wie viele Dinge Sie sich auch bei einem kleinen Spaziergang erinnern können. Und wenn Sie nach Hause zurückgekehrt sind, gehen Sie die Wegstrecke in Gedanken durch und sehen Sie, wie viel von der Richtung und an wie viele der Orientierungspunkte Sie sich erinnern können. Nehmen Sie Ihren Bleistift heraus und versuchen Sie, eine Karte Ihrer Route zu erstellen, in der Sie die allgemeine Richtung angeben und die Straßennamen und die wichtigsten Sehenswürdigkeiten notieren. Merken Sie sich die Himmelsrichtung "Norden" beim Start und orientieren Sie sich während der gesamten Reise und bei der Kartenerstellung daran. Sie werden überrascht sein, wie viel Interesse Sie bald an dieser Kartenerstellung entwickeln werden. Es wird ein schönes Spiel werden, und Sie werden Freude daran haben, dass Sie es immer besser beherrschen. Wenn Sie einen Spaziergang machen, gehen Sie im Kreis herum, wobei Sie so viele Kurven und Wendungen wie möglich machen, um Ihre Fähigkeit der Lokalisation und der Richtung zu üben - aber beachten Sie immer sorgfältig die Richtung und den allgemeinen Verlauf, damit Sie sie das bei Ihrer Rückkehr auf Ihrer Karte richtig wiedergeben können. Wenn Sie einen Stadtplan haben, vergleichen Sie ihn mit Ihrer eigenen kleinen Karte und zeichnen Sie auch Ihre Route in der Phantasie auf der Karte nach. Mit einem Stadtplan oder einer Straßenkarte können Sie viel Spaß haben, wenn Sie die Route Ihrer kleinen Touren nachverfolgen.

Notieren Sie sich immer die Namen der verschiedenen Straßen, über die Sie laufen, sowie die, die Sie während Ihres Spaziergangs überqueren. Notieren Sie sie auf Ihrer Karte, und Sie werden feststellen, dass Sie in dieser Beziehung ein schnell wachsendes Gedächtnis entwickeln werden - denn Sie haben Interesse geweckt und Aufmerksamkeit geschenkt. Seien Sie stolz auf Ihre Kartenerstellung. Wenn Sie einen Begleiter haben, versuchen Sie, sich gegenseitig bei diesem Spiel zu schlagen - indem Sie beide zusammen über die gleiche Route reisen und dann sehen, wer sich am besten an die meisten Details der Strecke erinnern kann.

Ähnlich und ergänzend dazu ist der Plan, auf dem Stadtplan eine Route auszuwählen und sich zu bemühen, die allgemeinen Richtungen, Straßennamen, Abbiegungen, Rückfahrt usw. im Kopf zu fixieren, bevor man losfährt. Beginnen Sie damit, eine kurze Tour auf diese Weise zu planen, und erhöhen Sie sie dann jeden Tag. Nachdem Sie eine Strecke eingezeichnet haben, legen Sie Ihre Karte beiseite und gehen Sie persönlich auf Tour. Wenn Sie möchten, nehmen Sie die Karte mit und puzzeln Sie von Zeit zu Zeit Varianten aus. Machen Sie sich die Karte in allen möglichen Variationen und Formen zur Gewohnheit, aber verlassen Sie sich nicht ausschließlich auf die Karte, sondern versuchen Sie stattdessen, die gedruckte Karte mit der mentalen Karte zu korrelieren, die Sie in Ihrem Gehirn aufbauen.

Wenn Sie sich auf eine Reise zu einem fremden Ort begeben wollen, studieren Sie Ihre Karten sorgfältig, bevor Sie gehen, und trainieren Sie Ihr Gedächtnis, indem Sie die Strecke mit einem Bleistift reproduzieren. Wenn Sie dann auf Ihrer Reise Orte mit Ihrer Karte vergleichen, werden Sie feststellen, dass Sie ein völlig neues Interesse an der Reise haben werden - sie wird Ihnen zunächst etwas bedeuten. Wenn Sie eine fremde

Stadt besuchen wollen, besorgen Sie sich vor dem Start eine Karte der Stadt und notieren Sie zunächst die Himmelsrichtungen, studieren Sie die Karte - die Richtungen der Hauptstraßen und die relativen Positionen der wichtigsten Sehenswürdigkeiten, Gebäude usw. Auf diese Weise entwickeln Sie nicht nur Ihr Gedächtnis von Orten und machen sich selbst gegen das Vergessen von Orten immun, sondern Sie sorgen auch für ein neues und großes Interesse an Ihrem Weg.

Die oben genannten Vorschläge können von jedem, der sie praktiziert, am ehesten erweitert und variiert werden. Das Ganze hängt davon ab, dass man "Notiz nimmt" und die Aufmerksamkeit nutzt, und diese Dinge wiederum hängen davon ab, dass man sich für das Thema interessiert. Wenn jemand "aufwacht und sich für das Thema Ort und Richtung interessiert", dann kann er sich in einem fast unglaublichen Ausmaß und in vergleichsweise kurzer Zeit nach dem Konzept des Ortsgedächtnisses entwickeln. Es gibt keine andere Form des Gedächtnisses, die so schnell auf Gebrauch und Übung reagiert wie diese. Wir denken an eine Dame, die bekanntermaßen ein mangelhaftes Ortsgedächtnis besaß und die sich sicher einige Blöcke von ihrem Wohnort entfernt verirrte, wo immer sie auch gerade war. Sie schien völlig orientierungs- und ortslos zu sein und verirrte sich oft in den Hotelkorridoren, obwohl sie jahrelang mit ihrem Mann durch die ganze Welt reiste. Der Ärger rührte zweifellos daher, dass sie ganz und gar auf ihren Mann als Lotsen angewiesen war, denn das Paar war unzertrennlich. Nun, der Ehemann starb, und die Dame verlor ihren Lotsen. Anstatt verzweifelt aufzugeben, begann sie, sich der Situation zu stellen - sie hatte keinen Lotsen, sondern musste selbst den Lotsen spielen. Und sie war gezwungen, "aufzuwachen und Notiz zu nehmen". Sie war gezwungen, für einige Jahre zu reisen, um bestimmte geschäftliche Angelegenheiten ihres Mannes abzuschließen - sie war eine gute Geschäftsfrau, trotz ihres Mangels an Entwicklung auf diesem Gebiet -, und um sicher herumzukommen, war sie gezwungen, sich dafür zu interessieren, wohin sie gehen würde. Bevor die zwei Jahre der Reisetätigkeit vorbei waren, war sie so gut wie ihr Mann niemals zuvor gewesen war, und sie wurde häufig von anderen, in deren Gesellschaft sie sich befand, als Reiseführerin herangezogen. Sie erklärte es mit den Worten: "Ich weiß nicht, wie ich es gemacht habe - ich musste es einfach tun, das ist alles - ich habe es einfach gemacht. Wieder ein Beispiel für das "weil" einer Frau, wie Sie sehen. Was diese gute Dame "gerade getan hat", wurde durch eine instinktive Befolgung des Plans, den wir Ihnen vorgeschlagen haben, erreicht. Sie "musste" einfach nur Karten benutzen und "zur Kenntnis nehmen". Das ist die ganze Geschichte.

****

Die Prinzipien, die dieser Methode zur Entwicklung des Ortsgedächtnisses zugrunde liegen, sind so zutreffend, dass jemand, dem es an diesem Gedächtnis mangelt, die Fähigkeit so weit entwickeln kann, dass er es fast mit der Katze, die "immer wieder zurückkommt", oder dem Hund, den "man nicht verlieren kann", aufnehmen kann. Die Indianer, Araber, Nomaden und andere Menschen in der Ebene, im Wald, in der Wüste und in den Bergen haben diese Fähigkeit so weit entwickelt, dass sie fast wie ein zusätzlicher Sinn erscheint. Es handelt sich um eine Frage der Aufmerksamkeit, deren Wirkung durch das ständige Bedürfnis, den Gebrauch und die Übung in hohem Maße gesteigert wird. Der Verstand wird auf das Bedürfnis reagieren, wenn die Person, wie die Dame, "es einfach tun muss". Die Gesetze der Aufmerksamkeit und der Assoziation werden Wunder wirken, wenn sie durch Interesse oder Bedürfnis aktiv ins Spiel gebracht werden, gefolgt von Übung und Gebrauch. Es gibt keine Magie in diesem Prozess - *einfach "wollen" und "dranbleiben", das ist alles.* Wollen Sie sich genügend anstrengen - haben Sie die Entschlossenheit, dabei zu bleiben?

****

KAPITEL XIV. WIE MAN SICH ZAHLEN MERKEN KANN.

Das Zahlenverständnis - also die Fähigkeit, Zahlen abstrakt und in ihrer Beziehung zueinander zu sehen, zu erkennen und sich an sie zu erinnern - ist bei verschiedenen Personen sehr unterschiedlich ausgeprägt. Für die einen werden Ziffern und Zahlen mit Leichtigkeit erfasst und erinnert, während sie für andere kein Interesse, keine Anziehungskraft oder Affinität besitzen und daher nicht leicht zu merken sind. Es wird im Allgemeinen von den besten Autoritäten zugegeben, dass das Auswendiglernen von Daten, Zahlen, Werten usw. die schwierigste aller Arten von Gedächtnisfunktionen ist. Aber alle sind sich einig, dass die Fähigkeit durch Übung und Interesse entwickelt werden kann. Es hat Fälle gegeben, in denen sich diese Fähigkeit des Geistes in einem fast unglaublichen Ausmaß entwickelt hat; und andere Fälle, in denen Personen mit einer Abneigung gegen Zahlen begonnen haben und dann ein Interesse entwickelt haben, das dazu führte, dass sie einen bemerkenswerten Grad an Fertigkeiten in dieser Richtung erworben haben.

Viele der gefeierten Mathematiker und Astronomen entwickelten wunderbare Gedächtnisleistungen für Zahlen. Herschel soll sich bei seinen astronomischen Berechnungen an alle Details komplizierter Berechnungen erinnern können, sogar an die Zahlen der Brüche. Er soll in der Lage gewesen sein, die kompliziertesten Berechnungen geistig ohne den Gebrauch von Stift und Bleistift durchzuführen und dann seinem Assistenten die gesamten Details des Prozesses, einschließlich der Endergebnisse, zu diktieren. Ein ähnliches Gedächtnis besaß auch der Astronom Tycho Brahe. Es heißt, er habe sich gegen den Zwang zur Bezugnahme auf die gedruckten Tabellen mit Quadrat- und Würfelwurzeln aufgelehnt und sich daran gemacht, die gesamte Reihe von Tabellen auswendig zu lernen, was ihm in einem halben Tag fast unglaublich gelang - er musste über

75.000 Zahlen und ihre Beziehungen zueinander auswendig lernen. Der Mathematiker Euler wurde im Alter blind, und da er sich nicht mehr auf seine Tabellen stützen konnte, lernte er sie auswendig. Man sagt, dass er aus dem Gedächtnis die ersten sechs Potenzen aller Zahlen von eins bis hundert wiederholen konnte. Der Mathematiker Wallis war in dieser Hinsicht ein Wunderkind. Er soll in der Lage gewesen sein, die Quadratwurzel einer Zahl bis zu vierzig Dezimalstellen geistig zu extrahieren, und bei einer Gelegenheit die Kubikwurzel einer aus dreißig Ziffern bestehenden Zahl geistig zu extrahieren. Dase soll geistig zwei Zahlen mit jeweils hundert Stellen multipliziert haben. Ein Jugendlicher namens Mangiamele war in der Lage, die bemerkenswertesten Leistungen im Kopfrechnen zu vollbringen. Die Berichte zeigen, dass er bei einem gefeierten Test vor Mitgliedern der Französischen Akademie der Wissenschaften die Kubikwurzel von 3.796.416 in dreißig Sekunden und die zehnte Wurzel von 282.475.289 in drei Minuten extrahieren konnte. Er löste auch sofort die folgende Frage, die ihm von Arago gestellt wurde: "Welche Zahl hat das folgende Verhältnis: Wenn man vom Würfel das Fünffache der Zahl plus das Fünffache des Quadrats der Zahl und das Neunfache des Quadrats der Zahl von diesem Ergebnis subtrahiert, bleibt der Rest 0." Die Antwort "5" wurde sofort gesagt, ohne eine Zahl auf Papier oder Karton zu notieren. Es hängt damit zusammen, dass ein Kassierer einer Bank in Chicago in der Lage war, die Konten der Bank, die bei dem großen Brand in dieser Stadt zerstört worden waren, geistig wiederherzustellen, und dass man herausfand, dass seine Angaben, die von der Bank und den Einlegern akzeptiert wurden, vollkommen mit den anderen Aussagen in diesem Fall übereinstimmten, wobei die von ihm geleistete Arbeit nur die Leistung seines Gedächtnisses war.

Bidder konnte sofort die Anzahl der 1/4 Pennys in der Summe von £868, 42s, 121d feststellen. Buxton berechnete gedanklich die Anzahl der kubischen Achtelzolls, die sich in einer viereckigen Fläche von 23.145.789 Metern Länge, 2.642.732 Metern Breite und 54.965 Metern Dicke befanden. Er errechnete auch gedanklich die Dimensionen eines unregelmäßigen Anwesens von etwa tausend Morgen, indem er den Inhalt in Morgen und Fluren angab, sie dann auf Quadratzoll und dann auf quadratische Haarlängen reduzierte, wobei er 2.304 pro Quadratzoll und 48 auf jeder Seite schätzte. Das mathematische Wunderkind, Zerah Colburn, war vielleicht das bemerkenswerteste dieser bemerkenswerten Menschen. Als Kind begann er, die erstaunlichsten Geistesqualitäten in Bezug auf Zahlen zu entwickeln. Er war in der Lage, sofort die geistige Berechnung der genauen Anzahl von Sekunden oder Minuten in einer bestimmten Zeit vorzunehmen. Bei einer Gelegenheit berechnete er die Anzahl der Minuten und Sekunden, die in achtundvierzig Jahren enthalten waren, die Antwort: "25.228.800 Minuten und 1.513.728.000 Sekunden", die er fast augenblicklich gab. Er konnte sofort eine beliebige Anzahl von ein bis drei Ziffern mit einer anderen Zahl multiplizieren, die aus der gleichen Anzahl von Ziffern bestand; die Faktoren einer beliebigen Zahl, die aus sechs oder sieben Ziffern bestand; die Quadrat- und Kubikwurzeln und die Primzahlen aller ihm gegebenen Zahlen. Er erhöhte die Zahl 8 gedanklich nach und nach auf ihre sechzehnte Potenz, das Ergebnis war 281 474 976 710 656; und er zog die Quadratwurzel aus 106 929, die Kubikwurzel aus 268 336 125 und bildete die Quadrate aus 244 999 755 und 1 224 998 755. In fünf Sekunden berechnete er die Kubikwurzel von 413.993.348.677. Er fand die Faktoren von 4.294.967.297, die zuvor als Primzahl betrachtet worden waren. Er berechnete gedanklich das Quadrat von 999.999, welches 999.998.000.001 ist, und multiplizierte dann diese Zahl mit 49 und das Produkt mit der gleichen Zahl und das Ganze mit 25 - letzteres als zusätzliches Merkmal.

Die große Schwierigkeit, sich Zahlen zu merken, besteht für die Mehrheit der Personen darin, dass Zahlen "für sie nichts bedeuten", d.h., dass Zahlen nur in ihrer abstrakten Form und Natur gedacht werden und daher viel schwieriger zu merken sind als Eindrücke, die man mit dem Seh- oder Tastsinn erhält. Die Abhilfe wird jedoch deutlich, wenn wir die Quelle der Schwierigkeit erkennen. Das Heilmittel ist: Machen Sie die Zahl zum Gegenstand von Klang- und Seh-Eindrücken. Bringen Sie die abstrakte Idee der Zahlen zum Thema der Seh- oder Klangeindrücke oder beider, je nachdem, was in Ihrem speziellen Fall am besten entwickelt ist. Es mag für Sie schwierig sein, sich "1848" als abstrakte Sache zu merken, aber es ist vergleichsweise einfach für Sie, sich an den Klang von "achtzehn achtundvierzig" oder die Form und das Aussehen von "1848" zu erinnern. Wenn Sie eine Zahl vor sich selbst wiederholen, um den Klangeindruck zu erfassen, oder sie visualisieren, damit Sie sich daran erinnern können, dass Sie sie gesehen haben - dann werden Sie sich viel besser daran erinnern können, als wenn Sie nur an sie denken, ohne Bezug auf Klang oder Gestalt. Vielleicht vergessen Sie, dass die Nummer eines bestimmten Geschäfts oder Hauses 3948 lautet, aber Sie können sich leicht an den Klang der gesprochenen Worte "neununddreißig achtundvierzig" oder die Form von "3948" erinnern, wie sie Ihnen an der Tür des Gebäudes erschien. Im letzteren Fall assoziieren Sie die Nummer mit der Tür, und wenn Sie sich die Tür vorstellen, visualisieren Sie die Nummer.

Kay, der von der Visualisierung oder der Reproduktion mentaler Bilder von Dingen gesprochen hat, an die man sich erinnern soll, sagt: "Diejenigen, die sich durch ihre Fähigkeit ausgezeichnet haben, lange und komplizierte Prozesse des mentalen Kalküls durchzuführen, sind diesen Dingen verpflichtet". Taine sagt: "Kinder, die es gewohnt sind, im Kopf zu rechnen, schreiben mit Kreide auf eine imaginäre Tafel die betreffenden Figuren, dann alle ihre Teiloperationen, dann die Endsumme, so dass sie innerlich die verschiedenen weißen Linien der Ziffern sehen, mit denen sie beschäftigt sind. Der junge Colburn, der nie in der Schule war und weder lesen noch schreiben konnte, sagte, dass er bei seinen Berechnungen "sie deutlich vor sich sah". Ein anderer sagte, dass er "die Zahlen, mit denen er arbeitete, so sah, als wären sie auf eine Schiefertafel geschrieben worden". Bidder sagte: "Wenn ich eine Rechnung geistig ausführe, geht sie immer in einer in meinem Kopf sichtbaren Form vor sich; in der Tat kann ich mir keine andere Möglichkeit vorstellen, geistig zu rechnen.

Wir haben Bürojungen kennengelernt, die sich die Nummer einer Adresse erst dann merken konnten, wenn sie ihnen mehrmals deutlich wiederholt wurde - dann haben sie sich den Ton gemerkt und vergessen ihn nie. Andere vergessen die Geräusche oder haben sie nicht im Gedächtnis registriert, aber nachdem sie einmal die Nummer an der Tür eines Büros oder Geschäfts gesehen hatten, konnten sie sie sofort wiederholen und sagten, dass sie geistig "die Zahlen an der Tür sehen konnten". Sie werden durch eine kleine Befragung feststellen, dass sich die Mehrheit der Menschen auf diese Weise an Zahlen oder Nummern erinnert, und dass sich nur sehr wenige an sie als abstrakte Dinge erinnern können. Im Übrigen ist es für die Mehrheit der Personen schwierig, sich eine Zahl überhaupt abstrakt zu merken. Versuchen Sie es selbst, und stellen Sie fest, ob Sie sich die Zahl nicht entweder als Klang von Wörtern oder aber als geistiges Bild oder als Visualisierung der Form der Zahlen merken. Übrigens, was immer es auch ist, ob es sich um eine optische oder akustische Erinnerung handelt, diese besondere Art der Erinnerung ist Ihre beste Art, sich an Zahlen zu erinnern, und gibt Ihnen somit die Richtung vor, nach der Sie diese Form der Erinnerung entwickeln sollten.

Das Gesetz der Assoziation kann vorteilhaft beim Auswendiglernen von Zahlen verwendet werden; wir wissen zum Beispiel von einer Person, die sich an die Zahl 186.000 (die Anzahl der von Lichtwellen im Äther zurückgelegten Meilen pro Sekunde) erinnerte, indem sie sie mit der Nummer des ehemaligen Geschäftssitzes ihres Vaters, "186", in Verbindung brachte. Ein anderer erinnerte sich an seine Telefonnummer "1876", indem er sich an das Datum der Unabhängigkeitserklärung erinnerte. Ein anderer erinnerte sich an die Anzahl der Staaten in der Union, indem er sie mit den letzten beiden Ziffern der

Nummer seines Geschäftssitzes in Verbindung brachte. Aber die weitaus bessere Art und Weise, sich Daten, besondere Zahlen in Verbindung mit Ereignissen usw. zu merken, besteht darin, das Bild des Ereignisses mit dem Bild des Datums oder der Zahl zu visualisieren und so die beiden Dinge zu einem mentalen Bild zu verbinden, dessen Assoziation bei der Erinnerung an das Bild erhalten bleibt. Verse von Doggerel, wie "In vierzehnhundertzweiundneunzig segelte Kolumbus auf dem blauen Ozean" oder "In achtzehnhunderteinundsechzig begann der Bürgerkrieg unseres Landes" usw. haben ihren Platz und ihren Nutzen. Aber es ist viel besser, das "Sehen oder Hören" einer Zahl zu kultivieren, als sich auf schwerfällige assoziative Methoden zu verlassen, die auf künstlichen Verbindungen und Klammern beruhen.

Schließlich muss man, wie wir in den vorhergehenden Kapiteln gesagt haben, bevor man ein gutes Gedächtnis für ein Thema entwickeln kann, zunächst ein Interesse an diesem Thema entwickeln. Wenn Sie also Ihr Interesse an Zahlen durch die Ausarbeitung einiger mathematischer Probleme am Leben erhalten, werden Sie feststellen, dass Zahlen ab und zu ein neues Interessensgebiet für Sie zu erschließen beginnen. Ein wenig elementare Arithmetik, die mit Interesse verwendet wird, wird mehr tun, um Sie auf den Weg zu "Wie man sich Zahlen merkt" zu bringen, als ein Dutzend Lehrbücher zu diesem Thema. Im Grunde genommen sind es drei Regeln, die man sich merken muss: *"Interesse, Aufmerksamkeit und Übung"* - und die letzte ist die wichtigste, denn ohne sie scheitern die anderen. Sie werden überrascht sein, wie viele interessante Dinge es in Zahlen gibt, wenn Sie fortfahren. Die Aufgabe, die elementare Arithmetik durchzugehen, wird nicht annähernd so "trocken" sein wie in Ihrer Kindheit. Sie werden alle möglichen "seltsamen" Dinge im Zusammenhang mit Zahlen aufdecken. Lassen Sie uns als "Beispiel" einige davon aufzeigen:

Nehmen Sie die Zahl "1" und setzen Sie dahinter eine Reihe von "Nullen", also: 1.000.000.000.000.000, - so viele "Nullen" oder Chiffren, wie Sie wünschen. Dann teilen Sie die Zahl durch die Zahl "7". Sie werden feststellen, dass das Ergebnis immer diese "142.857" ist, dann eine weitere "142.857" und so weiter bis ins Unendliche, wenn Sie die Berechnung so weit tragen wollen. Diese sechs Ziffern werden immer und immer wieder wiederholt. Dann multiplizieren Sie diese "142.857" mit der Zahl "7", und Ihr Produkt ergibt lauter Neunen. Dann nehmen Sie eine beliebige Zahl, schreiben Sie sie auf, legen Sie Inversion derselben darunter und subtrahieren Sie die letztere von der ersteren, also:

117,761,909 (beliebige Zahl)

90,916,771 (Zahlenreihenfolge invertiert)

26,845,138 (Ergebnis der Subtraktion)

Sie werden feststellen, dass das Ergebnis immer auf neun zurückgeht und somit immer ein Vielfaches von 9 ist. Nehmen Sie eine beliebige Zahl, die aus zwei oder mehr Ziffern besteht, und subtrahieren Sie davon die addierte Summe ihrer einzelnen Ziffern, und das Ergebnis ist immer ein Vielfaches von 9, also:

184

$1 + 8 + 4 = 13$

$184 - 13 = 171$

$171 \div 9 = 19$ (171 ist somit ein Vielfaches von 9)

Wir erwähnen diese bekannten Beispiele nur, um Sie daran zu erinnern, dass es viel mehr Interessantes an reinen Zahlen gibt, als viele annehmen würden. Wenn Sie Ihr Interesse an ihnen wecken können, dann sind Sie auf dem Weg zum Auswendiglernen von Zahlen gut aufgestellt. Lassen Sie Zahlen und Zahlen "etwas" für Sie bedeuten, und der Rest wird nur eine Frage der Details sein.

KAPITEL XV. WIE MAN SICH MUSIK MERKEN KANN.

Wie alle anderen Geisteskräfte manifestiert sich auch die der Musik oder der Tonfolge in unterschiedlichem Maße bei den einzelnen Menschen. Manche Menschen scheinen die Musik fast instinktiv zu erfassen, während sie bei anderen nur mit großer Anstrengung und viel Arbeit angeeignet wird. Für einige ist Harmonie natürlich, und Inharmonie ist eine Frage der Abstoßung, während andere den Unterschied zwischen beiden nur in extremen Fällen erkennen. Einige scheinen die Seele der Musik zu sein, während Andere keine Vorstellung davon haben, was die Seele der Musik sein könnte. Dann manifestieren sich die verschiedenen Formen des Wissens über Musik. Einige spielen korrekt nach Gehör, sind aber ungeschickt und ineffizient, wenn es darum geht, nach Noten zu spielen. Andere spielen mechanisch sehr korrekt, behalten aber nicht die Erinnerung an die Musik, die sie gehört haben. Es ist in der Tat ein guter Musiker, der in sich selbst die beiden letztgenannten Fähigkeiten vereint - die Wahrnehmung von Musik durch das Gehör und die Fähigkeit, Noten korrekt auszuführen.

Es gibt viele Beispiele von Tonaufnahmen, in denen sich außergewöhnliche Erinnerungsfähigkeiten an Musik manifestiert haben. Fuller berichtet über die folgenden Fälle dieser besonderen Phase des Gedächtnisses: Carolan, der größte der irischen Barden, traf einmal einen bekannten Musiker und forderte ihn zu einem Test der jeweiligen musikalischen Fähigkeiten heraus. Der Test wurde akzeptiert, und Carolans Rivale spielte auf seiner Geige eines der schwierigsten Konzerte Vivaldis. Am Ende der Aufführung nahm Carolan, der das Stück noch nie zuvor gehört hatte, seine Harfe und spielte das Konzert von Anfang bis Ende durch, ohne einen einzigen Fehler zu machen. Sein Rivale gab daraufhin seine Hand drauf und war von der Überlegenheit Carolans, so gut er auch sein mochte, vollkommen überzeugt. Beethoven konnte jede noch so komplexe Musikkomposition, die er gehört hatte, in seinem Gedächtnis behalten und das meiste davon wiedergeben. Er konnte jede einzelne Komposition in Bachs "Wohltemperiertem Clavichord" auswendig spielen, wobei es achtundvierzig Präludien und die gleiche Anzahl von Fugen gab, die in der Komplexität des Satzes und der Schwierigkeit der Ausführung fast ohne Beispiel sind, da jede dieser Kompositionen in der abstrusesten Art des Kontrapunkts geschrieben ist.

"Mozart konnte sich im Alter von vier Jahren Note für Note an ausgefeilte Soli in Konzerten erinnern, die er gehört hatte; er konnte in einer halben Stunde ein Menuett lernen und in diesem frühen Alter sogar kurze Stücke komponieren. Mit sechs Jahren konnte er ohne die Hilfe eines Instruments komponieren und machte weiterhin rasche Fortschritte im musikalischen Gedächtnis und Wissen. Mit vierzehn Jahren ging er in der Karwoche nach Rom. In der Sixtinischen Kapelle wurde jeden Tag Allegris "Miserere" aufgeführt, dessen Partitur Mozart erhalten wollte, aber er erfuhr, dass keine Kopien angefertigt werden durften. Er lauschte aufmerksam der Aufführung, an deren Ende er die gesamte Partitur aus dem Gedächtnis ohne Fehler niederschrieb. Ein anderes Mal wurde Mozart beauftragt, eine Originalkomposition beizusteuern, die von einem bekannten Geiger und ihm selbst in Wien vor Kaiser Joseph aufgeführt werden sollte. Bei seiner Ankunft am vereinbarten Ort stellte Mozart fest, dass er vergessen hatte, seinen Part mitzubringen. Bestürzt war er nicht, er legte ein leeres Blatt Papier vor sich und spielte seinen Part aus dem Gedächtnis fehlerfrei durch. Bei der Uraufführung der Oper "Don Giovanni" blieb keine Zeit, die Partitur für das Cembalo zu kopieren, aber Mozart war dem Anlass gewachsen; er dirigierte die gesamte Oper und spielte die Cembalobegleitung zu den Liedern und Chören ohne eine Note vor sich her. Es gibt viele gut belegte Beispiele für Mendelssohns bemerkenswertes musikalisches Gedächtnis. Einmal gab er ein großes Konzert in London, bei dem seine Ouvertüre zum "Sommernachtstraum" aufgeführt wurde. Es gab nur ein Exemplar der Gesamtpartitur, das vom Organisten der St. Paul's Cathedral übernommen wurde, der es leider in einer Droschke zurückließ - woraufhin Mendelssohn eine weitere Partitur aus dem Gedächtnis herausschrieb, ohne einen Fehler. Zu einer anderen Zeit, als er im Begriff war, eine öffentliche Aufführung von Bachs "Passionsmusik" zu dirigieren, stellte er beim Aufstellen des Dirigentenpodiums fest, dass statt der Partitur des aufzuführenden Werkes irrtümlich die Partitur einer anderen Komposition mitgebracht worden war. Ohne zu zögern dirigierte Mendelssohn dieses komplizierte Werk erfolgreich aus dem Gedächtnis, wobei er im Verlauf der Aufführung Blatt für Blatt der Partitur vor sich umdrehte, sodass kein Unbehagen in den Köpfen des Orchesters und der Sänger aufkam. Gottschalk, so heißt es, konnte mehrere tausend Kompositionen aus dem Gedächtnis spielen, darunter viele Werke von Bach. Der bekannte Dirigent Vianesi hat die Partitur selten vor sich, wenn er eine Oper dirigiert, da er jede Note vieler Opern aus dem Gedächtnis kennt".

Man wird sehen, dass zwei Arten der Erinnerung in das "Gedächtnis der Musik" einfließen müssen - die Erinnerung an die Melodie und die Erinnerung an die Noten. Das Gedächtnis der Melodie fällt natürlich in die Klasse der Höreindrücke, und was über sie gesagt wurde, gilt auch für diesen Fall. Das Gedächtnis der Noten fällt in die Klasse der optischen Eindrücke, und die Regeln dieser Klasse des Gedächtnisses gelten auch in diesem Fall. Was die Pflege des Tongedächtnisses betrifft, so ist der wichtigste Ratschlag, dass der Lernende ein aktives Interesse an allem hat, was mit dem Klang von Musik zu tun hat, und auch jede Gelegenheit nutzt, gute Musik zu hören und sich bemüht, sie in der Vorstellung oder im Gedächtnis wiederzugeben. Bemühen Sie sich, in den Geist der Musik einzutreten, bis sie ein Teil von Ihnen selbst wird. Begnügen Sie sich nicht damit, sie nur zu hören, sondern geben Sie sich ein Gefühl für ihre Bedeutung. Je mehr die Musik "für Sie bedeutet", desto leichter werden Sie sich an sie erinnern. Der Plan vieler Schülerinnen und Schüler, insbesondere der Vokalmusik, besteht darin, sich einige Takte eines Stückes mehrmals vorspielen zu lassen, bis sie es richtig summen können; dann werden einige weitere Takte hinzugefügt, und dann noch einige weitere und so weiter. Jede Hinzufügung muss im Zusammenhang mit dem zuvor Erlernten überprüft werden, damit die Assoziationskette ununterbrochen bleibt. Das Prinzip ist dasselbe wie das Kind, das sein A-B-C lernt - es erinnert sich an "B", weil es auf "A" folgt. Durch diese ständige Hinzufügung von "nur ein bisschen mehr", begleitet von häufigen Wiederholungen, können lange und schwierige Stücke auswendig gelernt werden.

Das Gedächtnis der Noten kann durch die oben genannte Methode entwickelt werden - die Methode, einige Takte gut zu lernen und dann einige weitere hinzuzufügen und häufig zu wiederholen, soweit man gelernt hat, und dabei durch häufiges Üben die Verbindungen der Assoziation zu schmieden, während man weitergeht. Da es sich um eine Methode handelt, die ausschließlich auf dem optischen Eindruck beruht und deren Regeln unterliegt, müssen Sie die Idee der Visualisierung beachten, d.h. Sie müssen jeden Takt so lange lernen, bis Sie ihn "vor Ihrem geistigen Auge" sehen können, während Sie fortfahren. Aber bei dieser Methode, wie bei vielen anderen Verfahren, werden Sie feststellen, dass Ihnen neben dem Aussehen der Noten auch die Erinnerung an den Klang der Noten sehr hilfreich ist. Versuchen Sie, beides so weit wie möglich miteinander zu verbinden, so dass Sie, wenn Sie eine Note sehen, den Klang dieser Note hören, und wenn Sie eine Note erklingen hören, werden Sie sie so sehen, wie sie in der Partitur erscheint. Durch diese Kombination der Eindrücke von Sicht und Ton profitieren Sie von dem doppelten Sinneseindruck, was zu einer Verdoppelung Ihrer Gedächtnisleistung führt. Zusätzlich zur Visualisierung der Noten selbst sollte der Lernende das Erscheinen der verschiedenen Symbole, welche die Tonart, die Zeit, die Bewegung, den Ausdruck usw. bezeichnen, hinzufügen, damit er die Musik aus den visualisierten Noten mit Ausdruck und korrekter Interpretation summen kann. Änderungen der Tonart, der Zeit oder der Bewegung sollten beim Auswendiglernen der Noten sorgfältig notiert werden. Und vor allem sollten Sie sich das Gefühl dieses bestimmten Teils der Partitur einprägen, damit Sie das, woran Sie sich erinnern, nicht nur sehen und hören, sondern auch fühlen können.

Wir raten dem Lernenden aus verschiedenen Gründen, zunächst das Auswendiglernen einfacher Lieder zu üben. Einer dieser Gründe ist, dass sich diese Lieder leicht auswendig lernen lassen und die Kette der leichten Assoziation in der Regel durchgehend beibehalten wird.

In dieser Phase des Auswendiglernens, wie in allen anderen, fügen wir den Ratschlag hinzu: *Interesse zeigen, Aufmerksamkeit schenken und so oft wie möglich üben und trainieren.* Vielleicht sind Sie dieser Worte überdrüssig geworden - aber sie stellen die Hauptprinzipien der Entwicklung eines bleibenden Gedächtnisses dar. Die Dinge müssen dem Gedächtnis eingeprägt werden, bevor man sie wieder abrufen kann. Dies sollte bei jeder Betrachtung des Themas berücksichtigt werden.

KAPITEL XVI. WIE MAN SICH AN EREIGNISSE ERINNERT.

Die Phase des Gedächtnisses, die sich in der Archivierung und der Erinnerung an die Ereignisse und Einzelheiten des Alltags manifestiert, ist weitaus wichtiger, als es auf den ersten Blick scheint. Der Durchschnittsmensch hat den Eindruck, dass er sich sehr gut an die Ereignisse seines geschäftlichen, beruflichen oder gesellschaftlichen Alltags erinnert, und ist überrascht, wenn ihm unterstellt wird, dass er sich in Wirklichkeit nur sehr wenig an das erinnert, was ihm im Wachzustand widerfährt. Um zu beweisen, wie wenig man sich wirklich an diese Art von Ereignissen erinnert, soll jeder Lernende dieses Buch an dieser Stelle hinlegen und sich dann in Ruhe bemühen, sich an die Ereignisse des gleichen Tages in der vergangenen Woche zu erinnern. Er wird überrascht sein zu sehen, wie wenig er sich an die Ereignisse jenes Tages wirklich zu erinnern vermag. Dann sollte man dasselbe Experiment mit den Ereignissen von gestern versuchen - auch dieses Ergebnis wird eine Überraschung sein. Es stimmt, dass man sich, wenn man sich an ein bestimmtes Ereignis erinnert, mehr oder weniger deutlich daran erinnern kann, aber darüber hinaus wird man sich an nichts mehr erinnern. Stellen Sie sich vor, Sie werden aufgefordert, vor Gericht über die Geschehnisse des Vortages oder des Wochentages davor auszusagen, und Sie werden sich Ihrer Aufgabe bewusst.

Der Grund dafür, dass sich niemand so leicht an die genannten Ereignisse erinnern kann, ist darin zu suchen, dass man sich seinerzeit nicht bemüht hat, diese Ereignisse in seinem Unterbewusstsein zu verankern. Man ließ die Ereignisse wie das sprichwörtliche "Wasser vom Entenrücken" aus der Beachtung entschwinden. Sie wollten nicht mit der Erinnerung an Kleinigkeiten belästigt werden, und bei dem Versuch, diesen zu entkommen, machte man den Fehler, sie nicht zu speichern. Es besteht ein großer Unterschied zwischen dem Verweilen in der Vergangenheit und dem Abspeichern von Informationen aus der Vergangenheit für eine mögliche zukünftige Verwendung. Die Vernichtung der Aufzeichnungen eines jeden Tages zuzulassen, ist wie das Zerreißen von wichtigen Geschäftspapieren in einem Büro, um zu vermeiden, dass sie Platz in den Akten einnehmen.

Es ist nicht ratsam, viel geistige Anstrengung darauf zu verwenden, jedes einzelne Detail des Tages so zu fixieren, wie es sich ereignet; aber es gibt einen einfacheren Weg, der den Zweck erfüllt, wenn man sich nur ein wenig Mühe in dieser Richtung gibt. Wir beziehen uns auf die Praxis, die Ereignisse eines jeden Tages zu betrachten, nachdem die aktive Arbeit des Tages beendet ist. Wenn Sie die Ereignisse eines jeden Tages abends noch einmal Revue passieren lassen, werden Sie feststellen, dass der Akt des Rückblicks die Aufmerksamkeit in einem solchen Maße in Anspruch nimmt, dass die Ereignisse so registriert werden, dass sie auch danach noch verfügbar sind, falls sie einmal benötigt werden. Es ist vergleichbar mit der Ablage der Geschäftspapiere des Tages, für eine mögliche spätere Bezugnahme. Abgesehen von diesem Vorteil werden diese Rückblicke Ihnen gut als Erinnerung an viele kleine Dinge von unmittelbarer Bedeutung dienen, die Ihrer Erinnerung aufgrund von Begebenheiten entgangen sind, die danach stattfanden.

Sie werden feststellen, dass Sie mit ein wenig Übung in der Lage sein werden, die Ereignisse des Tages in sehr kurzer Zeit und mit einem überraschenden Grad an Detailgenauigkeit zu überblicken. Es scheint, dass der Verstand bereitwillig auf diese Anforderung an ihn reagiert. Der Vorgang scheint einer geistigen Verdauung oder vielmehr einem geistigen Wiederkäuen ähnlich zu sein, ähnlich wie bei der Kuh, wenn sie "wiederkäuen" kann, was sie zuvor gesammelt hat. Die Sache ist weitgehend eine "Kunstfertigkeit", die man sich mit ein wenig Übung leicht aneignen kann. Für das bisschen an Mühe und Zeit, das Sie dafür aufwenden, wird es Sie belohnen. Wie wir bereits gesagt haben, haben Sie nicht nur den Vorteil, dass Sie diese Aufzeichnungen des Tages für den späteren Gebrauch aufbewahren können, sondern Sie werden auch auf viele wichtige Details aufmerksam gemacht, die Ihnen entgangen sind, und Sie werden feststellen, dass Ihnen in Ihren Momenten des "Wiederkäuens" in der Freizeit viele wichtige Ideen kommen werden. Erledigen Sie diese Arbeit am Abend, wenn Sie sich entspannt fühlen - aber tun Sie sie nicht, wenn Sie sich zur Ruhe begeben. Das Bett ist zum Schlafen gemacht, nicht zum Denken. Sie werden feststellen, dass das Unterbewusstsein die Tatsache wahrnimmt, dass es später für die Aufzeichnungen des Tages in Anspruch genommen wird, und dementsprechend die Geschehnisse viel sorgfältiger und treuer "zur Kenntnis nehmen" wird. Das Unterbewusstsein reagiert auf einen Appell, der an es herangetragen wird, auf erstaunliche Weise, wenn es einmal verstanden hat, was von ihm verlangt wird. Sie werden sehen, dass ein großer Teil der Vorzüge des empfohlenen Plans darin besteht, dass bei der Überprüfung die Aufmerksamkeit in einer Weise eingesetzt wird, die in der Eile und Hektik des Arbeitstages unmöglich ist. Die schwachen Eindrücke werden zur Prüfung hervorgeholt, und die Aufmerksamkeit der Prüfung und des Rückblicks vertieft den Eindruck in jedem Fall erheblich, so dass er danach reproduziert werden kann. In einem Satz: Es ist die Vertiefung der schwachen Eindrücke des Tages.

Thurlow Weed, ein bekannter Politiker des letzten Jahrhunderts, bezeugt in seinen "Memoiren" die Wirksamkeit der oben genannten Methode. Sein Plan war etwas anders, als der von uns erwähnte, aber Sie werden sofort sehen, dass er die gleichen Prinzipien - die gleiche Psychologie - beinhaltet. Herr Weed sagt: "Einige meiner Freunde dachten, dass ich zu einem Politiker 'geschaffen' sei, aber ich sah sofort eine tödliche Schwäche. Meine Erinnerung war ein Sieb. Ich konnte mich an nichts erinnern. Daten, Namen, Termine, Gesichter - alles ist mir entgangen. Ich sagte zu meiner Frau: "Katharina, ich werde nie ein erfolgreicher Politiker werden, denn ich kann mich nicht erinnern, und das ist ein vorrangiges Bedürfnis der Politiker. Ein Politiker, der einmal einen Menschen sieht, sollte sich für immer an ihn erinnern. Meine Frau sagte mir, dass ich mein Gedächtnis trainieren müsse. Als ich an diesem Abend nach Hause kam, setzte ich mich allein hin und versuchte fünfzehn Minuten lang, mich in aller Stille und mit Genauigkeit an die wichtigsten Ereignisse des Tages zu erinnern. Ich konnte mich daran erinnern, aber zunächst nur wenig - jetzt erinnere ich mich, dass ich mich nicht mehr daran erinnern konnte, was ich zum Frühstück hatte. Nach ein paar Tagen Übung stellte ich fest, dass ich mich an mehr erinnern konnte. Die Ereignisse kamen minutiöser, genauer und lebendiger als am Anfang zu mir zurück. Nach etwa zwei Wochen sagte Catherine: "Warum erzählst du mir nicht die Ereignisse des Tages, anstatt sie dir selbst in Erinnerung zu rufen? Das könnte interessant sein, und mein Interesse daran wäre für Sie eine Anregung". Mit großem Respekt für die Meinung meiner Frau begann ich sozusagen mit der Gewohnheit der mündlichen Beichte, die fast fünfzig Jahre lang fortgesetzt wurde. Jede Nacht, das letzte, bevor ich mich zur Ruhe legte, erzählte ich ihr alles, woran ich mich erinnern konnte, was mir oder über mich tagsüber passiert war. Im Allgemeinen erinnerte ich mich an die Speisen, die ich zum Frühstück, zum Abendessen und zum Tee genossen hatte; an die Menschen, die ich gesehen hatte, und an das, was sie gesagt hatten; an die Leitartikel, die ich für meine Zeitung geschrieben hatte, und gab ihr eine kurze Zusammenfassung davon; ich erwähnte alle Briefe, die ich gesehen und erhalten hatte, und so gut wie möglich die verwendete Sprache; als ich zu Fuß oder zu Pferd unterwegs war, erzählte ich ihr alles, was zu meiner Beobachtung gehört hatte. Ich stellte fest, dass ich meine Erfahrungen von Jahr zu Jahr besser formulieren konnte, und statt dass die Übung lästig wurde, war es ein Vergnügen, die Ereignisse des Tages noch einmal durchzugehen. Ich verdanke dieser Disziplin eine Erinnerung von ungewöhnlicher Beharrlichkeit, und ich empfehle die Praxis allen, die Fakten speichern wollen oder hoffen, in Zukunft Einfluss auf Menschen nehmen zu können".

Der aufmerksame Leser wird nach der Lektüre dieser Worte von Thurlow Weed feststellen, dass er in ihnen nicht nur eine Methode zum Erinnern an die besondere Klasse von Ereignissen, die in dieser Lektion erwähnt werden, beschrieben hat, sondern auch einen Weg aufgezeigt hat, wie das gesamte Feld des Gedächtnisses trainiert und entwickelt werden kann. Die Gewohnheit, die Dinge, die man tagsüber wahrnimmt, tut und denkt, zu überprüfen und zu "erzählen", schärft natürlich die Kräfte der zukünftigen Beobachtung, Aufmerksamkeit und Wahrnehmung. Wenn Sie Zeuge einer Sache sind, von der Sie wissen, dass Sie sie einer anderen Person beschreiben müssen, werden Sie Ihre Aufmerksamkeit instinktiv darauf richten. Das Wissen, dass Sie für die Beschreibung einer Sache herangezogen werden, wird ihr den Reiz oder die Notwendigkeit verleihen, die ihr sonst vielleicht fehlt. Wenn Sie die Dinge mit dem Bewusstsein "erspüren", dass Sie später aufgefordert werden, sie zu beschreiben, werden Sie das Interesse und die Aufmerksamkeit aufbringen, die nötig sind, um scharfe, klare und tiefe Eindrücke in der Erinnerung zu hinterlassen. In diesem Fall hat das Sehen und Hören für Sie "einen Sinn" und einen Zweck. Darüber hinaus wird durch die Arbeit des Rückblicks eine wünschenswerte Gewohnheit des Geistes geschaffen. Wenn Sie die Ereignisse nicht einem anderen Menschen erzählen wollen, lernen Sie, sie sich selbst am Abend zu erzählen. Spielen Sie die Rolle selbst. In diesem Kapitel steckt ein wertvolles Gedächtnisgeheimnis - vorausgesetzt, Sie sind weise genug, es anzuwenden.

KAPITEL XVII. WIE MAN SICH AN FAKTEN ERINNERT.

Wenn wir von dieser Phase des Gedächtnisses sprechen, verwenden wir das Wort "Fakten" im Sinne von "einem bestimmten Wissen" und nicht im Sinne von "einem Ereignis" usw. In diesem Sinne ist das Gedächtnis der Fakten die Fähigkeit, Wissensbestände, die sich auf eine bestimmte Sache beziehen, zu speichern und wieder zu erinnern. Wenn wir uns mit dem Thema "Pferd" beschäftigen, sind die "Fakten", an die wir uns erinnern wollen, die verschiedenen Informationen und Kenntnisse über das Pferd, die wir während unserer Erfahrung erworben haben - Fakten, die wir gesehen, gehört oder gelesen haben, über das betreffende Tier und über das, was es betrifft. Wir sammeln ständig Informationen zu allen möglichen Themen, und wenn wir sie zusammenstellen wollen, fällt uns die Aufgabe oft schwer, auch wenn die ursprünglichen Eindrücke recht klar waren. Die Schwierigkeit liegt vor allem darin begründet, dass die verschiedenen Fakten in unserem Kopf nur durch zeitliche oder örtliche Nähe oder beides miteinander verbunden sind, während die Assoziationen der Zusammenhänge fehlen. Mit anderen Worten, wir haben unsere Informationen nicht richtig klassifiziert und indiziert und wissen nicht, wo wir mit der Suche nach ihnen beginnen sollen. Es ist wie die Verwirrung des Geschäftsmannes, der alle seine Papiere in einem Fass ohne Index oder Ordnung aufbewahrt hat. Er wusste, dass "sie alle da sind", aber er musste hart arbeiten, um eins von ihnen zu finden, wenn es gebraucht wurde. Oder, wir sind wie der Schriftsetzer, dessen Typen "bunt durcheinander" in eine große Kiste geworfen wurden - wenn er versucht, eine Buchseite zusammenzustellen, wird es ihm sehr erschwert, wenn nicht gar unmöglich sein -, wenn jedoch jeder einzelne Buchstabe in der richtigen "Kiste" wäre, würde er die Seite in kurzer Zeit zusammensetzen können.

Diese Frage der Assoziation durch die Zusammenhänge ist eines der wichtigsten Dinge in der gesamten Thematik des Denkens, und der Grad des richtigen und effizienten Denkens hängt materiell davon ab. Es reicht nicht aus, eine Sache nur zu "kennen" - wir müssen wissen, wo wir sie finden können, wenn wir sie benötigen. Wie der alte Richter Sharswood aus Pennsylvania einmal sagte: "Es ist weniger wichtig, das Gesetz zu kennen, als zu wissen, wo man es findet." Kay sagt: "Über die durch zeitliche oder räumliche Kontiguität gebildeten Assoziationen haben wir nur wenig Kontrolle. Sie sind auf eine Art und Weise zufällig, je nach der Reihenfolge, in der sich die Objekte dem Geist präsentieren. Andererseits liegt die Assoziation durch Ähnlichkeit weitgehend in unserer eigenen Verantwortung, denn wir wählen in gewissem Maße die Objekte aus, die assoziiert werden sollen, und bringen sie im Geist zusammen. Wir müssen jedoch darauf achten, nur solche Dinge miteinander zu verbinden, die wir gemeinsam assoziieren und in Erinnerung rufen wollen; und die Assoziationen, die wir bilden, sollten auf grundlegenden und wesentlichen Dingen beruhen, und nicht auf bloßen oberflächlichen oder beiläufigen Ähnlichkeiten. Wenn die Dinge durch ihre zufälligen und nicht durch ihre wesentlichen Eigenschaften verbunden werden, durch ihre oberflächlichen und nicht durch ihre grundlegenden Beziehungen, werden sie nicht verfügbar sein, wenn sie benötigt werden, und sie werden von wenig wirklichem Nutzen sein. Wenn wir das Neue mit dem assoziieren, was ihm im Geiste bereits am ähnlichsten ist, geben wir ihm den angemessenen Platz in unserem Gedankengebäude. Durch die Assoziation mittels der Ähnlichkeit fassen wir unsere Ideen sozusagen in getrennten Bündeln zusammen, und es ist von größter Wichtigkeit, dass alle Vorstellungen, die sich am meisten ähneln, in einem Bündel sind".

Der beste Weg, korrekte Assoziationen zu erhalten, - und zwar viele davon, für eine separate Tatsache, die man aufbewahren möchte, damit man sie bei Bedarf wieder abrufen kann - ist, sie und ihre Beziehungen zu analysieren. Dies kann dadurch geschehen, dass Sie sich Fragen über sie stellen - jede Sache, mit der Sie sie in Ihren Antworten assoziieren, ist ein zusätzlicher "Querverweis", mit dem Sie die Informationen leicht finden können, wenn Sie sie brauchen. Wie Kay sagt: "Das Prinzip, Fragen zu stellen und Antworten darauf zu erhalten, kann als charakteristisch für alle intellektuellen Bemühungen bezeichnet werden. Dies ist die Methode, mit der Sokrates und Platon das Wissen der Schülerinnen und Schüler herausholten, indem sie die Wissenslücken füllten und neue Fakten zu den bereits bekannten hinzufügten. Wenn Sie eine Sache so behandeln wollen, stellen Sie sich dazu die folgenden Fragen:

I.	Woher kommt sie (die Tatsache) oder ist sie entstanden?
II.	Was hat sie verursacht?
III.	Welche Geschichte oder Archivierung gibt es dazu?
IV.	Was sind ihre Eigenschaften, Qualitäten und Merkmale?
V.	Welche Dinge kann ich am ehesten mit ihr assoziieren? Wie ist ähnlich?
VI.	Wofür ist sie gut - wie kann sie verwendet werden - was kann ich mit ihr machen?
VII.	Was beweist sie - was kann man daraus ableiten?
VIII.	Was sind ihre natürlichen Ergebnisse - was passiert dadurch?
IX.	Was ist ihre Zukunft; und ihr natürliches oder wahrscheinliches Ende oder ihr Abschluss?
X.	Was halte ich davon, im Großen und Ganzen -

	was sind meine allgemeinen Eindrücke darüber?
XI.	Was weiß ich darüber, in Form von allgemeinen Informationen?
XII.	Was habe ich darüber gehört, und von wem und wann?

Wenn Sie sich die Mühe machen, irgendeine "Tatsache" durch die obige rigide Prüfung zu bringen, werden Sie sie nicht nur mit Hunderten von passenden und vertrauten anderen Fakten verbinden, so dass Sie sich bei Gelegenheit leicht daran erinnern, sondern Sie werden auch ein neues Sachthema mit allgemeinen Informationen erstellen, bei dem diese spezielle Tatsache der zentrale Gedanke sein wird. Ähnliche Analysesysteme wurden veröffentlicht und von verschiedenen Trainern zu hohen Preisen verkauft - und viele Leute waren der Meinung, dass die Ergebnisse die Ausgaben rechtfertigten. Gehen Sie also nicht leichtfertig daran vorbei.

Je mehr weitere Fakten Sie mit einer Tatsache in Verbindung bringen können, desto mehr Verbindungen zu den Fakten haben Sie, desto mehr "lose Fäden" haben Sie, um diese Tatsache in das Bewusstsein zu bekommen, desto mehr Querverzeichnisse haben Sie, um die Tatsache "nachzuvollziehen", wenn Sie sie brauchen. Je mehr Assoziationen Sie einer Tatsache anhängen, desto mehr "Bedeutung" hat diese Tatsache für Sie, und desto mehr Interesse wird in Ihrem Geist diesbezüglich entstehen. Darüber hinaus bewirken Sie dadurch mit großer Wahrscheinlichkeit eine "automatische" oder unwillkürliche Erinnerung an diese Tatsache, wenn Sie an einige der damit verbundenen Themen denken, d.h. sie wird Ihnen auf natürliche Weise im Zusammenhang mit etwas anderem in den Sinn kommen - auf eine Art und Weise, die "mich daran erinnert". Und je öfter Sie unwillkürlich an diese Tatsache "erinnert" werden, desto klarer und tiefer wird ihr Eindruck in den Aufzeichnungen Ihrer Erinnerung. Je öfter Sie eine Tatsache verwenden, desto leichter wird es, sich bei Bedarf daran zu erinnern. Der Lieblingsstift eines Menschen ist immer zur Hand und an einer eingeprägten Stelle, während der weniger benutzte Radiergummi oder Ähnliches gesucht werden muss, oft ohne Erfolg. Und je mehr Assoziationen man einer Tatsache verleiht, desto häufiger wird sie wahrscheinlich benutzt.

Ein weiterer Punkt, den es zu bedenken gilt, ist, dass jede zukünftige Assoziation einer Tatsache sehr stark von Ihrem Ablagesystem für Fakten abhängt. Wenn Sie dies berücksichtigen, um eine Tatsache für die Zukunft aufzubewahren, werden Sie sehr gut in der Lage sein, die beste geistige Schublade dafür zu finden. Legen Sie sie zusammen mit dem Ding ab, das ihr am ähnlichsten ist oder zu dem sie die vertrauteste Beziehung hat. Das Kind tut dies unfreiwillig - es ist der Weg der Natur. Sieht das Kind zum Beispiel ein Zebra, so archiviert es dieses Tier als "einen gestreiften Esel", eine Giraffe als "langhalsiges Pferd", ein Kamel als "Pferd mit langen, krummen Beinen, langem Hals und Höckern auf dem Rücken". Das Kind hängt sein neues Wissen oder eine neue Tatsache immer an eine bekannte Tatsache oder ein bekanntes Stückchen Wissen an - manchmal ist das Ergebnis erschreckend, aber das Kind erinnert sich trotzdem daran. Die erwachsenen Kinder werden gut daran tun, ähnliche Erinnerungsverbindungen aufzubauen. Befestigen Sie das neue Ding an einem alten, vertrauten Ding. Es ist einfach, wenn man einmal den Dreh raus hat. Die Fragenliste, die ein Stückchen weiter zurückliegt, wird Ihnen viele Verbindungsglieder in Erinnerung rufen. Benutzen Sie sie.

Wenn Sie einen Beweis für die Bedeutung der Assoziation durch eine Beziehung und für die Gesetze, die ihr Handeln bestimmen, brauchen, müssen Sie sich nur an den gewöhnlichen "Gedankengang" oder die "Bildkette" im Kopf erinnern, dessen wir uns bewusst werden, wenn wir tagträumen oder uns in

Träumereien oder sogar in allgemeinen Gedanken zu einem beliebigen Thema hingeben. Sie werden sehen, dass jedes geistige Bild oder jede geistige Idee oder Erinnerung mit dem vorhergehenden und dem folgenden Gedanken verbunden ist und mit ihnen in Verbindung steht. Es ist eine Kette, die endlos ist, bis etwas von außen in das Thema hineinbricht. Eine Tatsache blitzt in Ihren Geist, scheinbar aus dem Raum und ohne jeglichen Bezug zu etwas anderem. In solchen Fällen werden Sie feststellen, dass sie entweder deshalb auftritt, weil Sie zuvor Ihre unterbewusste Haltung auf ein Problem oder eine Erinnerung eingestellt hatten und das Aufblitzen das verspätete und verzögerte Ergebnis war; oder aber, dass die Tatsache in Ihren Geist kam, weil sie mit einer anderen Tatsache in Verbindung gebracht wurde, die wiederum von einem Präzedenzfall herrührte, und so weiter. Sie hören ein entferntes Pfeifen der Eisenbahn und denken an einen Zug, dann an eine Reise, dann an einen entfernten Ort, dann an einen Menschen an diesem Ort, dann an ein Ereignis im Leben dieser Person, dann an ein ähnliches Ereignis im Leben einer anderen Person, dann an diese andere Person, dann an seinen Bruder, dann an das letzte Unternehmen dieses Bruders, dann an dieses Unternehmen, dann an ein anderes Unternehmen, das diesem ähnelt, dann an einige Leute in diesem anderen Unternehmen; dann von ihren Geschäften mit einem Ihnen bekannten Mann; dann von der Tatsache, dass ein anderer Mann mit einem ähnlichen Namen wie der letzte Mann Ihnen Geld schuldet; dann von Ihrer Entschlossenheit, dieses Geld zu bekommen; dann machen Sie eine Notiz, um die Forderung in die Hände eines Anwalts zu legen, um zu sehen, ob sie jetzt nicht eingetrieben werden kann, obwohl der Mann letztes Jahr "Vollstreckungsschutz " hatte - vom entfernten Lokomotivpfeifen bis zur möglichen Einziehung des Kontos. Und doch wird der Mann, die Verbindungen vergessend, sagen, dass er "zufällig an" den Schuldner gedacht hat, oder dass "es mir irgendwie in den Sinn gekommen ist", usw.

Aber es war nichts anderes als das Gesetz der Assoziation - das ist alles. Darüber hinaus werden Sie nun feststellen, dass Sie sich jedes Mal, wenn Sie den Begriff " Assoziation geistiger Dinge" usw. hören, an die obige Illustration oder einen Teil davon erinnern werden. Wir haben ein neues Glied in der Assoziationskette für Sie geschmiedet, und noch Jahre später wird es in Ihren Gedanken auftauchen.

KAPITEL XVIII. WIE MAN TEXTE AUSWENDIG LERNEN KANN.

In einem vorhergehenden Kapitel haben wir eine Reihe von Beispielen von Personen aufgeführt, die ihr Gedächtnis für Wörter, Sätze usw. hoch entwickelt hatten. Die Geschichte ist voll von solchen Fällen. Die Moderne fällt in dieser Hinsicht weit hinter die Alten zurück; wahrscheinlich, weil es gegenwärtig nicht Notwendigkeit für die einst als gewöhnlich und nicht außergewöhnlich akzeptierten Leistungen des Gedächtnisses gibt. Unter den früheren Menschen, als der Buchdruck noch unbekannt und die Manuskripte knapp und wertvoll waren, war es allgemeiner Brauch, die verschiedenen heiligen Lehren der jeweiligen Religion "auswendig" zu lernen. Die heiligen Bücher der Hindus wurden auf diese Weise überliefert, und es war unter den Hebräern üblich, die Bücher von Mose und den Propheten ganz auswendig zu rezitieren. Noch heute wird den gläubigen Moslems beigebracht, den gesamten Koran auswendig zu lernen. Und die Untersuchung zeigt immer wieder, dass der identische Prozess, diese heiligen Bücher dem Gedächtnis zu übergeben und sie nach Belieben wieder abzurufen, angewandt wurde – und zwar mit einer natürlichen Methode, statt einer künstlichen. Und deshalb werden wir dieses Kapitel ausschließlich dieser Methode widmen, mit der Gedichte oder Prosa dem Gedächtnis übergeben werden können, um sie leicht wieder abrufen zu können.

Diese natürliche Methode des Auswendiglernens von Wörtern, Sätzen oder Versen ist kein Königsweg. Es ist ein System, das durch stetige Arbeit und treue Überprüfung beherrscht werden muss. Man muss am Anfang beginnen und sich nach oben arbeiten. Aber das Ergebnis einer solchen Arbeit wird jeden, der damit nicht vertraut ist, in Erstaunen versetzen. Es ist genau dieselbe Methode, mit der die Hindus, Hebräer, Moslems, Nordmänner und der Rest der Völker ihre Tausende von Versen und Hunderte von Kapiteln der heiligen Bücher ihres Volkes auswendig gelernt haben. Es ist die Methode des erfolgreichen Schauspielers und des populären Rhetorikers, ganz zu schweigen von den Rednern, die es für ihre Pflicht halten, ihre "improvisierten" Reden vorher auswendig zu lernen.

Dieses natürliche System des Auswendiglernens basiert auf dem Prinzip, das bereits in diesem Buch angedeutet wurde und durch das jedes Kind sein Alphabet und sein Einmaleins sowie das kleine "Stück" lernt, das es zur Unterhaltung seiner lieben Eltern und der gelangweilten Freunde der Familie vorträgt. Dieses Prinzip besteht darin, dass man jeweils eine Zeile lernt und diese Zeile wiederholt, dann eine zweite Zeile lernt und diese wiederholt, und dann die beiden Zeilen zusammen wiederholt, und so weiter, wobei jeder Zusatz in Verbindung mit den vorhergehenden wiederholt wird. Das Kind lernt den Klang von "A"; dann lernt es "B"; dann assoziiert es die Klänge von "A, B" in seiner ersten Wiederholung; das "C" wird hinzugefügt und die Wiederholung läuft mit "A, B, C". Und so weiter, bis "Z" erreicht ist und das Kind in der Lage ist, die gesamte Liste von "A bis Z" einschließlich wiederzugeben. Das Einmaleins beginnt mit seinem "zweimal 1 ist 2", dann "zweimal 2 ist 4", und so weiter, aber nur wenig auf einmal, bis die "Zweier" beendet sind und die "Dreier" beginnen. Dieser Prozess wird durch ständiges Erweitern und ständiges Überwachen bzw. Wiederholen aufrechterhalten, bis "12 Zwölfer" die Liste beenden und das Kind in der Lage ist, die "Tabellen" vom ersten bis zum letzten aus dem Gedächtnis zu wiederholen.

Aber es geht bei dem Kind um mehr als nur um das Erlernen der Wiederholung des Alphabets oder des Einmaleins - es geht auch um die Stärkung des Gedächtnisses durch seine Übung und seinen Gebrauch. Das Gedächtnis verbessert und entwickelt sich, wie jede Fähigkeit des Geistes oder jeder Muskel des Körpers, durch intelligenten und vernünftigen Gebrauch und Übung. Diese Übung und Nutzung entwickelt das Gedächtnis nicht nur entlang der jeweiligen Ausrichtung der angewandten Fähigkeit, sondern auch entlang jeder Ausrichtung und jeder Fähigkeit. Dies ist deshalb so, weil die Übung die Konzentrationsfähigkeit und den Einsatz der freiwilligen Aufmerksamkeit stärkt.

Wir schlagen vor, dass der Lernende, der sich ein gutes Gedächtnis für Wörter, Sätze usw. aneignen möchte, sofort mit der Auswahl eines Lieblingsgedichts für die Demonstration beginnt. Dann soll er einen Vers von nicht mehr als vier bis sechs Zeilen auswendig lernen, um den Anfang zu machen. Diesen Vers soll er Zeile für Zeile perfekt lernen, bis er in der Lage ist, ihn ohne Fehler zu wiederholen. Er muss bei diesem Vers "buchstabengetreu" sein - so perfekt, dass er sogar die Großbuchstaben und die Satzzeichen "sieht", wenn er ihn rezitiert. Dann soll er eine Pause einlegen. Am nächsten Tag soll er den am Vortag gelernten Vers wiederholen, und dann soll er einen zweiten Vers auf dieselbe Weise auswendig lernen, und zwar genauso perfekt. Er soll dann den ersten und den zweiten Vers zusammen wiederholen. Diese Hinzufügung des zweiten Verses zum ersten dient dazu, die beiden durch Assoziation zusammenzuschweißen, und jede Wiederholung der beiden zusammen dient dazu, der Schweißnaht ein wenig hinzuzufügen, bis sie im Gedächtnis wie "A, B, C" verbunden sind. Am dritten Tag lernt er einen dritten Vers auf die gleiche Weise und wiederholt dann die drei Verse. Setzen Sie dies etwa einen Monat lang fort, indem Sie jeden Tag einen neuen Vers hinzufügen zu den vorhergehenden Versen. Aber überprüfen Sie die Verse ständig von Anfang bis Ende. Man kann sie nicht zu oft wiederholen. Nur wenn sie richtig und oft genug wiederholt werden, können sie wie die Buchstaben des Alphabets von "A" bis "Z" durchlaufen werden.

Dann, wenn der Lernende die Zeit dazu hat, soll er den zweiten Monat beginnen, indem er jeden Tag zwei Verse lernt und zu den vorhergehenden zwei Versen hinzufügt, mit ständiger und gewissenhafter Wiederholung. Er wird feststellen, dass er im zweiten Monat zwei Verse so leicht auswendig lernen

114

kann, wie er den einen Vers im ersten Monat gelernt hat. Sein Gedächtnis ist in diesem Maße geschult worden. Und so kann er von Monat zu Monat fortfahren und seiner täglichen Aufgabe einen zusätzlichen Vers hinzufügen, bis er nicht mehr die Zeit für die ganze Arbeit aufbringen kann oder bis er sich mit dem Erreichten zufrieden fühlt. Lassen Sie ihn sich maßvoll verhalten und nicht versuchen, zu einem Phänomen zu werden. Lassen Sie ihn Überanstrengung vermeiden. Nachdem er das gesamte Gedicht auswendig gelernt hat, soll er mit einem neuen beginnen, aber nicht vergessen, das alte in regelmäßigen Abständen wieder aufleben zu lassen. Wenn es ihm nicht möglich ist, die notwendige Anzahl neuer Verse hinzuzufügen, z.b. wegen einer anderen Beschäftigung, soll er seine Wiederholungsarbeit nicht versäumen. Die Übung und Überprüfung ist wichtiger als das bloße Hinzufügen vieler neuer Verse.

Lassen Sie den Lernenden die Verse oder Gedichte mit einer Auswahl an Prosa variieren. Er wird möglicherweise die Verse der Bibel für eine solche Übung geeignet finden, da sie sich leicht in das Gedächtnis einprägen lassen. Shakespeare kann auch bei diesem Werk vorteilhaft eingesetzt werden. Das "Rubaiyat" von Omar Khayyam; oder die "Lady of the Lake" von Scott; oder das "Song Celestial" oder "Light of Asia", beide von Edwin Arnold, werden sich als gut geeignet für dieses System des Auswendiglernens erweisen, wobei die Verse eines jeden geeignet sind, "im Gedächtnis zu bleiben", und jedes Gedicht lang genug ist, um auch die Anforderungen des anspruchsvollsten Lernendes zu erfüllen. Wenn man sich das komplette Gedicht (irgendeines der genannten) anschaut, scheint es fast unmöglich zu sein, dass man es jemals auswendig lernen und von Anfang bis Ende, buchstabengetreu rezitieren kann. Aber nach dem Prinzip des ständigen Wassertropfens, der den Stein höhlt, oder des mit jeder Rolle zunehmenden Schneeballs, erlaubt ihm diese Praxis, ein wenig mit dem zu verbinden, was er bereits beherrscht, und bald wird er einen wunderbar großen Vorrat an auswendig gelernten Versen, Gedichten, Rezitationen usw. angesammelt haben. Es ist eine tatsächliche Demonstration der eingängigen Worte des Volksliedes, die einen darüber informiert: "Jedes kleine bisschen, das man zu dem, was man hat, hinzuaddiert, macht ein kleines bisschen mehr."

Nachdem der Lernende sich eine recht große Auswahl auswendig gelernter Stücke angeeignet hat, wird es ihm unmöglich sein, sie alle auf einmal zu überprüfen. Aber er sollte sicher sein, dass er sie alle in Abständen wiederholt, unabhängig davon, wie viele Tage zwischen den einzelnen Überprüfungen vergehen.

Der Lernende, der sich mit den Prinzipien, auf denen das Erinnerungsvermögen beruht, wie in den vorhergehenden Kapiteln beschrieben, vertraut gemacht hat, wird sofort erkennen, dass die drei Prinzipien *Aufmerksamkeit, Assoziation und Wiederholung* in der hier empfohlenen natürlichen Methode angewendet werden. Die Aufmerksamkeit muss in erster Linie darauf gerichtet sein, jeden Vers auswendig zu lernen; die Assoziation wird in der Beziehung zwischen den alten und den neuen Versen eingesetzt; und die Wiederholung wird durch die häufige Wiederholung ausgeübt, die dazu dient, den Erinnerungseffekt bei jeder Wiederholung des Gedichts zu vertiefen. Darüber hinaus wird das Prinzip des Interesses bei den allmählichen Fortschritten und der Bewältigung einer zunächst unmöglich erscheinenden Aufgabe geltend gemacht - das Spielelement wird so als Anreiz eingesetzt. Diese kombinierten Prinzipien machen diese Methode zu einer idealen Methode, und es ist nicht verwunderlich, dass die Menschheit sie schon seit den frühesten Zeiten kennt.

KAPITEL XIX. WIE MAN SICH AN BÜCHER, THEATERSTÜCKE, ERZÄH-LUNGEN USW. ERINNERT.

In den vorhergehenden Kapiteln haben wir Ihnen Anregungen für die Entwicklung der wichtigsten Formen des Gedächtnisses gegeben. Aber es gibt noch andere Phasen oder Formen des Gedächtnisses, die zwar unter die allgemeine Klassifizierung fallen, aber dennoch als besonders beachtenswert angesehen werden können. Zum Beispiel gibt es Vorschläge, wie man sich den Inhalt der Bücher, die man liest, die Geschichten, die man hört, usw. merken kann. Und so haben wir es für ratsam gehalten, ein Kapitel der Betrachtung dieser verschiedenen Phasen des Gedächtnisses zu widmen, die in den anderen Kapiteln "ausgelassen" wurden.

Viele von uns erinnern sich nicht an die wichtigen Dinge in den Büchern, die wir lesen, und sind oft gedemütigt durch ihre Unwissenheit über den Inhalt der Werke führender Autoren oder populärer Romane, die sie zwar gelesen, aber nicht in die Archive ihres Gedächtnisses eingefügt haben. Natürlich müssen wir damit beginnen, Sie an die immer gegenwärtige Notwendigkeit von Interesse und Aufmerksamkeit zu erinnern - wir können uns diesen Prinzipien der Erinnerung nicht entziehen. Das Problem der meisten Menschen besteht darin, dass sie Bücher lesen, "um ihre Zeit totzuschlagen", als eine Art geistige Betäubung oder Betäubungsmittel, anstatt etwas Interessantes von ihnen zu erhalten. Durch dieses Vorgehen verlieren wir nicht nur all das, was im Buch von Bedeutung oder Wert sein könnte, sondern gewöhnen uns auch an unachtsames Lesen und Unaufmerksamkeit. Die vorherrschende Gewohnheit, viele Zeitungen und Schundromane zu lesen, ist für die offensichtliche Unfähigkeit vieler Menschen verantwortlich, den Inhalt eines "wertvollen" Buches intelligent aufzunehmen und sich daran zu erinnern, wenn sie ein solches Buch in die Hand bekommen. Aber selbst der nachlässigste Leser kann sich dennoch verbessern und die Gewohnheit der Unaufmerksamkeit und des nachlässigen Lesens abstellen.

Noah Porter sagt: "Wir haben einen Autor nicht gelesen, bis wir sein Werk, was immer es auch sein mag, so gesehen haben, wie er es sah." Außerdem: "Lies mit Aufmerksamkeit. Das ist die Regel, die allen anderen vorangestellt ist. Sie steht anstelle einer Partitur von Nebenanweisungen. In der Tat umfasst sie sie alle anderen, und ist die goldene Regel ... Die Buchseiten sollten gelesen werden, als ob sie nie wieder gesehen werden würden; das geistige Auge sollte fixiert sein, als ob es keinen anderen Gegenstand gäbe, an den man denken könnte; das Gedächtnis sollte die Fakten wie ein Schraubstock erfassen; die Eindrücke sollten deutlich und scharf aufgenommen werden. Es ist nicht notwendig und auch nicht ratsam, den Text eines Buches auswendig zu lernen, außer vielleicht ein paar Passagen, die Wort für Wort wertvoll erscheinen mögen. Das Wichtigste, was man sich über ein Buch merken muss, ist seine Bedeutung - worum es geht. Dann folgen vielleicht die allgemeine Gliederung und die Einzelheiten der Geschichte, des Essays, der Abhandlung oder was immer es sein mag. Die Frage, die man sich nach der Beendigung des Buches oder nach der Beendigung eines bestimmten Teils des Buches stellen sollte, ist: "Was war die Idee des Autors - was wollte er sagen?" Machen Sie sich die Idee des Schriftstellers zu eigen. Mit dieser mentalen Haltung versetzen Sie sich praktisch in die Lage des Schriftstellers und nehmen so an der Idee des Buches teil. Sie betrachten es also eher von innen als von aussen. Sie stellen sich selbst in den Mittelpunkt der Sache, statt sich auf deren äußere Begrenzung zu konzentrieren.

Wenn es sich bei dem Buch um eine Geschichte, Biografie, Autobiografie, Erzählung oder eine Geschichte der Tatsachen oder der Literatur handelt, wird es für Sie von Wert sein, sich die Ereignisse im Verlauf der Geschichte zu vergegenwärtigen.

Das heißt, versuchen Sie, sich zumindest ein schwaches geistiges Bild der damit verbundenen Ereignisse zu machen, so dass Sie sie "vor Ihrem geistigen Auge" oder in Ihrer Vorstellung sehen. Benutzen Sie Ihre Vorstellungskraft in Verbindung mit der mechanischen Lektüre. Auf diese Weise bauen Sie eine Reihe von mentalen Bildern auf, die sich Ihrem Geist einprägen und an die Sie sich genauso erinnern werden wie an die Szenen eines Theaterstücks, das Sie gesehen haben, oder an ein tatsächliches Ereignis, das Sie gesehen haben, nur natürlich weniger deutlich. Insbesondere sollten Sie sich bemühen, sich ein klares geistiges Bild von jeder Figur zu machen, bis jede von ihnen zumindest einen Anschein von Realität für Sie hat. Dadurch vermitteln Sie den Ereignissen der Geschichte eine Natürlichkeit, und Sie werden eine neue Freude an Ihrer Lektüre haben. Natürlich wird dieser Plan Sie langsamer lesen lassen, und viele kitschige Geschichten werden Sie nicht mehr interessieren, denn sie enthalten nicht wirklich Elemente von Interesse, aber das ist kein Verlust, sondern ein entschiedener Gewinn für Sie. Nehmen Sie sich am Ende jeder Lektüre die Zeit, den Verlauf der Geschichte geistig zu überprüfen - lassen Sie die Charaktere und Szenen wie in einem bewegten Bild vor Ihrer geistigen Vision vorbeiziehen. Und wenn das Buch schließlich fertig ist, sehen Sie es als Ganzes durch. Wenn Sie diesen Weg gehen, werden Sie sich nicht nur die Gewohnheit aneignen, sich leicht an die Geschichten und Bücher zu erinnern, die Sie gelesen haben, sondern Sie werden auch viel Freude daran haben, wenn Sie Ihre Lieblingsgeschichten noch einmal in Ihrer Fantasie sehen, auch noch Jahre danach. Sie werden feststellen, dass Ihre Lieblingsfiguren für Sie eine neue Realität annehmen und zu alten Freunden werden, in deren Gesellschaft Sie sich jederzeit amüsieren können und die Sie, wenn sie Sie ermüden, ohne Beleidigung entlassen können.

Bei wissenschaftlichen Abhandlungen, Essays usw. können Sie einem ähnlichen Plan folgen, indem Sie das Werk in kleine Abschnitte unterteilen und den Gedanken (nicht die Worte) jedes Abschnitts geistig überprüfen, bis Sie ihn zu Ihrem eigenen machen; und dann, indem Sie neue Abschnitte zu Ihrer Überprüfung hinzufügen, können Sie nach und nach das gesamte Werk aufnehmen und meistern. All dies erfordert Zeit, Arbeit und Geduld, aber Sie werden für Ihre Ausgaben entschädigt werden. Sie werden feststellen, dass dieser Plan Sie bald ungeduldig über Bücher von geringer Bedeutung machen wird und Sie zu den besten Büchern über ein bestimmtes Thema führen wird. Sie werden anfangen, Ihre Zeit und Aufmerksamkeit nur den allerbesten Büchern zu widmen. Aber dadurch gewinnen Sie.

Um sich mit einem Buch vollständig vertraut zu machen, sollten Sie sich vor dem Lesen mit seinem allgemeinen Charakter vertraut machen. Dazu sollten Sie den vollständigen Titel und den Untertitel, falls es einen gibt, beachten; den Namen des Autors und die Liste der anderen Bücher, die er geschrieben hat, falls sie auf der Titelseite oder dem vorhergehenden Blatt vermerkt sind, wie es üblich ist. Sie sollten das Vorwort lesen und das Inhaltsverzeichnis sorgfältig studieren, damit Sie das Gebiet oder das allgemeine Thema, das das Buch behandelt, kennen - mit anderen Worten, bemühen Sie sich um den allgemeinen Überblick über das Buch, den Sie anschließend mit Einzelheiten ergänzen können.

Bei der Lektüre eines wichtigen Buches sollten Sie darauf achten, dass Sie die Bedeutung jedes einzelnen Absatzes vollständig erfassen, bevor Sie zum nächsten weitergehen. Lassen Sie nichts an sich vorbeigehen, was Sie nicht verstehen, zumindest nicht in allgemeiner Form. Suchen Sie im Wörterbuch nach Wörtern, die Ihnen nicht vertraut sind, damit Sie die ganze Idee, die zum Ausdruck gebracht werden soll, erfassen können. Am Ende jedes Kapitels, Abschnitts und Teils sollten Sie das Gelesene noch einmal durchgehen, bis Sie sich ein geistiges Bild von den darin enthaltenen allgemeinen Ideen machen können.

Denjenigen, die sich an die Theateraufführungen, die sie besucht haben, erinnern wollen, sagen wir, dass die oben genannten Prinzipien sowohl auf diese Form der Erinnerung als auch auf die Erinnerung an Bücher angewandt werden können. Indem man sich für jede Figur interessiert, wie sie erscheint, indem man jede Handlung und Szene sorgfältig studiert und dann jede Handlung in den Intervallen zwischen den Akten durchsieht, und indem man schließlich nach der Rückkehr nach Hause das gesamte Stück noch einmal Revue passieren lässt, wird man das ganze Stück als ein vollständiges geistiges Bild in den Archiven seines Gedächtnisses festhalten. Wenn Sie sich mit dem soeben Gesagten bezüglich der Erinnerung an den Inhalt von Büchern vertraut gemacht haben, werden Sie in der Lage sein, das zu modifizieren und an den Zweck zur Erinnerung an Stücke und dramatische Inszenierungen anzupassen. Sie werden feststellen, dass Sie sich umso deutlicher an ein Stück erinnern, je öfter Sie es Revue passieren lassen. Viele kleine Details, die anfangs übersehen wurden, werden ins Bewusstsein kommen und an ihren richtigen Platz eingefügt.

An Predigten, Vorträge und andere Reden kann man sich erinnern, indem man ihnen Interesse und Aufmerksamkeit schenkt, indem man versucht, jede fortgeschrittene allgemeine Idee zu erfassen, und indem man den Übergang von einer allgemeinen Idee zur anderen notiert. Wenn Sie dies einige Male üben, werden Sie feststellen, dass, wenn Sie den Diskurs noch einmal durchgehen (und das sollten Sie immer tun - es ist der natürliche Weg, um das Gedächtnis zu entwickeln), die kleinen Details auftauchen und an ihren richtigen Platz passen. Bei dieser Form des Gedächtnisses ist es wichtig, das Gedächtnis durch Übung und Wiederholung zu trainieren. Sie werden feststellen, dass Sie bei jeder Wiederholung eines Diskurses Fortschritte gemacht haben. Durch Praxis und Übung wird die unterbewusste Geistestätigkeit besser arbeiten und zeigen, dass sie ihrer neuen Verantwortung gerecht wird. Sie haben sie während der vielen Reden, denen Sie zugehört haben, schlafen lassen, und man muss ihr neue Gewohnheiten beibringen. Lassen Sie sie wissen, dass von ihr erwartet wird, das Gehörte festzuhalten, und trainieren Sie sie dann häufig durch Reviews von

Reden, und Sie werden überrascht sein, welchen Grad an Arbeit diese unterbewusste Geistestätigkeit für Sie leisten wird. Sie werden sich nicht nur besser erinnern, sondern auch besser und intelligenter verstehen, was Sie hören. Das Unterbewusstsein, das weiß, dass Sie es später auffordern werden, sich an das Gesagte zu erinnern, wird Sie dazu drängen, ihm die nötige Aufmerksamkeit zu schenken, um es mit dem richtigen Material zu versorgen.

Denjenigen, die Schwierigkeiten hatten, sich an Diskurse zu erinnern, empfehlen wir dringend, Vorlesungen und andere Formen von Diskursen zu besuchen, um diese Form der Erinnerung zu entwickeln. Geben Sie dem Unterbewusstsein den positiven Befehl, sich um das Gesagte zu kümmern, und speichern Sie es so, dass Sie bei der anschließenden Überprüfung des Diskurses eine gute Zusammenfassung oder einen guten Auszug davon bekommen. Sie sollten jeden Versuch vermeiden, die Worte des Diskurses auswendig zu lernen - Ihr Ziel ist es, die Ideen und allgemeinen Gedanken, die geäußert wurden, aufzunehmen und festzuhalten. Interesse-Aufmerksamkeit-Praxis-Überprüfung - das sind die wichtigen Punkte im Gedächtnis.

Um sich an Geschichten, Anekdoten, Fabeln usw. zu erinnern, sind die oben genannten Prinzipien anzuwenden. Die Hauptsache beim Auswendiglernen einer Anekdote ist, dass man den Grundgedanken, der ihr zugrunde liegt, und den epigrammatischen Satz oder die zentrale Phrase, die den "Punkt" der Geschichte bildet, einfangen kann. Achten Sie darauf, dass Sie diese perfekt einfangen, und merken Sie sich dann den "Punkt". Falls nötig, machen Sie sich eine Notiz über den Punkt, bis Sie Gelegenheit haben, die Geschichte im Kopf zu überprüfen. Gehen Sie sie dann sorgfältig im Kopf durch, lassen Sie das geistige Bild der Idee vor sich vorüberziehen und wiederholen Sie es dann in Ihren eigenen Worten. Indem Sie die Geschichte proben und durchsehen, machen Sie sich die Geschichte zu eigen und sind in der Lage, sie nachher so zu erzählen, wie Sie sie tatsächlich erlebt haben. Dieses Prinzip ist so wahr, dass es, wenn man es zu weit treibt, der Geschichte ein künstliches Gefühl von Realität verleiht - wer kennt nicht Leute, die eine Geschichte so oft erzählt haben, dass sie selbst daran glauben? Treiben Sie das Prinzip nicht auf die Spitze, sondern nutzen Sie es in Maßen. Das Problem vieler Leute ist, dass sie versuchen, eine Geschichte zu wiederholen, lange nachdem sie sie gehört haben, ohne sie zwischenzeitlich zu überprüfen oder zu proben. Folglich lassen sie viele wichtige Punkte aus, weil sie es versäumt haben, die Geschichte als Ganzes in die Erinnerung zu prägen. Um eine Anekdote richtig zu kennen, sollte man in der Lage sein, ihre Figuren und Begebenheiten zu sehen, so wie man es auch tut, wenn man einen illustrierten Witz in einer Comic-Zeitung sieht. Wenn man sich ein geistiges Bild von einer Anekdote machen kann, wird man sich mit Leichtigkeit an sie erinnern können. Die bekannten Geschichtenerzähler überprüfen und proben ihre Witze und sind dafür bekannt, sie an ihren ahnungslosen Freunden auszuprobieren, um die Vorteile der Praxis zu nutzen, bevor sie sie in der Öffentlichkeit erzählen - eine Praxis, die von respektlosen Leuten als oberflächlich dargestellt wurde: "es am Hund auszuprobieren". Aber sie hat ihre guten Seiten und Vorteile. Sie erspart einem zumindest die Demütigung, eine weitschweifige Geschichte zu Ende bringen zu müssen: "Äh - nun, ähm - ich fürchte, ich habe vergessen, wie diese Geschichte endete - aber es war eine gute Geschichte!"

KAPITEL XX. ALLGEMEINE ANWEISUNGEN.

In diesem Kapitel werden wir Ihre Aufmerksamkeit auf einige der allgemeinen Prinzipien lenken, die bereits in den vorhergehenden Kapiteln erwähnt wurden, um sie Ihnen noch besser einprägen zu können und damit Sie in der Lage sind, sie unabhängig von den Einzelheiten der besonderen Phasen der Erinnerung zu verstehen und zu berücksichtigen. Dieses Kapitel kann im Sinne einer allgemeinen Überprüfung bestimmter grundlegender Prinzipien betrachtet werden, die im Hauptteil des Werkes erwähnt werden.

PUNKT I. Schenken Sie dem, was Sie sich einprägen wollen, ein möglichst hohes Maß an konzentrierter Aufmerksamkeit.

Wir haben den Grund für diese Ratschläge an vielen Stellen des Buches erklärt. Der Grad der konzentrierten Aufmerksamkeit, die dem betrachteten Objekt zuteilwird, bestimmt die Stärke, Klarheit und Tiefe des Eindrucks, den man erhält und im Unterbewusstsein speichert. Der Charakter dieser gespeicherten Eindrücke bestimmt den Grad der Leichtigkeit der Erinnerung.

PUNKT II. Bei der Betrachtung eines zu erinnernden Gegenstandes sollte man sich bemühen, die Eindrücke durch möglichst viele Fähigkeiten und Sinne zu erhalten.

Der Grund für diesen Ratschlag sollte Ihnen klar sein, wenn Sie die vorhergehenden Kapitel sorgfältig gelesen haben. Ein Eindruck, den man sowohl durch Klang als auch durch Sehen erhält, ist doppelt so stark wie ein Eindruck, den man nur über einen dieser Kanäle erhält. Vielleicht erinnern Sie sich an einen Namen oder ein Wort, entweder, weil Sie es schriftlich oder gedruckt gesehen haben, oder weil Sie es gehört haben; aber wenn Sie es sowohl gesehen als auch gehört haben, haben Sie einen doppelten Eindruck und besitzen zwei Möglichkeiten, den Eindruck wiederzubeleben. Man kann sich an eine Orange erinnern, wenn man sie gesehen, gerochen, gefühlt und geschmeckt hat und wenn man ihren Namen gehört hat. Bemühen Sie sich, eine Sache aus möglichst vielen Sinneseindrücken zu erfahren - benutzen Sie das Auge als Hilfe bei der Wahrnehmung von Eindrücken im Gehör und das Ohr als Hilfe bei der Wahrnehmung von Eindrücken für die Augen. Betrachten Sie die Sache aus so vielen Blickwinkeln wie möglich.

PUNKT III. Sinneseindrücke können durch die Nutzung der jeweiligen Möglichkeiten, durch die man weitere, wenn auch schwächere Eindrücke erhält, verstärkt werden.

Sie werden feststellen, dass entweder Ihr Seherinnerungsvermögen besser ist als Ihr Hörerinnerungsvermögen oder umgekehrt. Die Abhilfe besteht darin, das schwächere Vermögen zu trainieren, um es auf den Standard des stärkeren zu bringen. Die Kapitel des Seh- und Gehörtrainings werden Ihnen dabei helfen. Die gleiche Regel gilt für die verschiedenen Phasen der Gedächtnisentwicklung - die Schwachen entwickeln sich, und die Starken werden für sich selbst sorgen. Die einzige Möglichkeit, einen Sinn oder eine Fähigkeit zu entwickeln, ist, es intelligent zu trainieren, zu üben und zu nutzen. Gebrauch, Übung und Übung werden in dieser Richtung Wunder wirken.

PUNKT IV. Machen Sie Ihren ersten Eindruck stark und fest genug, um als Grundlage für die folgenden zu dienen.

Gewöhnen Sie sich daran, von Anfang an einen klaren, starken Eindruck von einer Sache zu gewinnen, die es zu berücksichtigen gilt. Andernfalls versuchen Sie, eine große Struktur auf einem schlechten Fundament aufzubauen. Jedes Mal, wenn

Sie einen Eindruck wieder auffrischen, vertiefen Sie ihn, aber wenn Sie anfangs nur einen schwachen Eindruck haben, werden die vertieften Eindrücke keine Details enthalten, die im ersten Eindruck fehlten. Es ist vergleichbar mit der Anfertigung eines guten, scharfen Negativs von einem Bild, das Sie danach vergrößern wollen. Die Details, die im kleinen Bild fehlen, werden in der Vergrößerung nicht erscheinen; aber diejenigen, die im kleinen Bild erscheinen, werden mit dem Bild vergrößert.

PUNKT V. Lassen Sie Ihre Eindrücke häufig wieder aufleben und vertiefen Sie sie so.

Sie werden mehr von einem Bild wissen, wenn Sie es eine Woche lang jeden Tag einige Minuten ansehen, als wenn Sie mehrere Stunden davor verbringen würden. So ist es mit der Erinnerung. Indem Sie einen Eindruck mehrmals in Erinnerung rufen, fixieren Sie ihn unauslöschlich in Ihrem Gedächtnis, sodass er bei Bedarf leicht gefunden werden kann. Solche Eindrücke sind wie Lieblingswerkzeuge, die man von Zeit zu Zeit braucht - sie können nicht verlegt werden, wie jene, die nur selten benutzt werden. Nutzen Sie Ihre Vorstellungskraft, um eine Sache "nachzuvollziehen ", an die Sie sich erinnern möchten. Wenn Sie eine Sache studieren, werden Sie feststellen, dass dieses "Nachvollziehen" in der Vorstellung Ihnen wesentlich helfen wird, die Dinge zu enthüllen, an die Sie sich nicht mehr erinnern können. Indem Sie auf diese Weise Ihre Schwachpunkte des Gedächtnisses erkennen, können Sie vielleicht die fehlenden Details nachholen, wenn Sie den Gegenstand das nächste Mal genauer untersuchen.

PUNKT VI. Benutzen Sie Ihr Gedächtnis und schenken Sie ihm Vertrauen.

Eines der wichtigsten Dinge bei der Förderung des Gedächtnisses ist die tatsächliche Nutzung desselben. Fangen Sie an, ihm ein wenig zu vertrauen, und dann mehr, und dann noch mehr, und es wird sich der Situation anpassen. Der Mann, der sich eine Schnur um den Finger binden muss, um sich an bestimmte Dinge zu erinnern, fängt bald an, sein Gedächtnis nicht mehr zu benutzen, und vergisst am Ende, sich an die Schnur zu erinnern oder daran, wozu sie dient. Es gibt natürlich viele Details, bei denen es eine Dummheit wäre, das Gedächtnis zu belasten, aber man sollte sein Gedächtnis niemals ungenutzt lassen. Wenn Sie in einem Beruf tätig sind, in dem die Arbeit mit mechanischen Hilfsmitteln erledigt wird, dann sollten Sie das Gedächtnis durch das Erlernen von Versen oder anderen Dingen trainieren, um es in Übung zu halten. Lassen Sie nicht zu, dass Ihr Gedächtnis verkümmert.

PUNKT VII. Bilden Sie so viele Assoziationen für einen bleibenden Eindruck wie möglich.

Wenn Sie die vorhergehenden Kapitel studiert haben, werden Sie den Wert dieses Punktes erkennen. Die Assoziation ist die Methode des Gedächtnisses zur Indizierung und Querindizierung. Jede Assoziation macht es einfacher, sich an die Sache zu merken oder sich zu erinnern. Jede Assoziation gibt Ihnen eine weitere Verbindung zu Ihrem Gedankengut. Versuchen Sie, ein neues Stück Wissen mit etwas zu verbinden, das Ihnen bereits bekannt und vertraut ist. Um die Gefahr zu vermeiden, dass Sie das Ding isoliert und allein in Ihrem Kopf haben - ohne Etikett, ohne Indizierung und ohne Namen -, verbinden Sie Ihr Objekt oder Ihren Gedanken, an das Sie sich erinnern wollen, mit anderen Objekten oder Gedanken, durch die Verknüpfung mit räumlicher und zeitlicher Nachbarschaft und durch die Herstellung einer Beziehung der Art, Ähnlichkeit oder Gegensätzlichkeit. Manchmal ist Letzteres sehr nützlich, wie im Fall des Mannes, der sagte: "Smith erinnert mich so sehr an Brown - er ist so anders. Oftmals können Sie sich an etwas erinnern, indem Sie sich an etwas anderes erinnern, das am selben Ort oder etwa zur selben Zeit geschah - diese Dinge geben Ihnen die "losen Enden" der Erinnerung, wodurch Sie den Gedankengang der Erinnerung abspulen können. Auf die gleiche Weise kann man sich oft an Namen erinnern, indem man mit einem Bleistift langsam über das Alphabet läuft, bis der Anblick des großen Anfangsbuchstabens des Namens die Erinnerung der nachfolgenden Personen hervorruft - allerdings nur dann, wenn der Name zuvor durch den visuellen Aspekt auswendig gelernt wurde. Auf die gleiche Art und Weise ermöglichen es die ersten paar Noten einer Musikauswahl, sich an die ganze Musik zu erinnern; oder die ersten Worte eines Satzes, die gesamte Rede oder die darauf folgende Sequenz. Bei dem Versuch, sich an eine Sache zu erinnern, die Ihnen entgangen ist, wird es hilfreich sein, an etwas zu denken, das mit dieser Sache verbunden ist, auch nur im Entferntesten. Mit ein wenig Übung können Sie sich an die Sache entlang der kleinsten Assoziation oder des geringsten Hinweises erinnern. Einige Männer sind geschickte Gedächtnisdetektive, die diesem Plan folgen. Das "lose Ende" im Gedächtnis ist alles, was der Experte braucht. Alle Assoziationen liefern solche losen Enden. Eine interessante und wichtige Tatsache, an die man sich in diesem Zusammenhang erinnern muss, ist, dass man, wenn man eine Sache hat, die dazu neigt, dem Gedächtnis zu entgehen, dem Problem entgegenwirken kann, indem man die damit verbundenen Dinge notiert, die zuvor dazu gedient haben, sie einem in Erinnerung zu rufen. Das einmal notierte, assoziierte Ding kann danach als loses Ende verwendet werden, mit dem Sie die schwer fassbare Tatsache oder den schwer fassbaren Eindruck verarbeiten können. Diese Idee der Assoziation ist ziemlich faszinierend, wenn Sie beginnen, sie in Ihren Gedächtnisübungen und Ihrer Arbeit einzusetzen. Und Sie werden viele kleine Methoden finden, um sie anzuwenden. Aber verwenden Sie immer die natürliche Assoziation und vermeiden Sie die Versuchung, Ihr Gedächtnis mit dem Bürokratismus der künstlichen Systeme zu verknüpfen.

PUNKT VIII. Gruppieren Sie Ihre Eindrücke.

Dies ist nur eine Form der Assoziation, aber sie ist sehr wichtig. Wenn Sie Ihr Wissen und Ihre Fakten in logische

Gruppen einordnen können, werden Sie Ihr Wissen immer beherrschen. Indem Sie Ihr Wissen mit anderen Kenntnissen in der gleichen allgemeinen Vorgehensweise verbinden, sowohl durch Ähnlichkeiten als auch durch Gegensätze, werden Sie in der Lage sein, das zu finden, was Sie brauchen, genau dann, wenn Sie es brauchen. Napoleon Bonaparte hatte einen Geist, der in dieser Richtung geschult war. Er sagte, sein Gedächtnis sei wie ein großer Koffer mit kleinen Fächern und Schubladen, in dem er seine Informationen nach ihrer Art ablegte. Dazu wandte er die in diesem Buch erwähnten Methoden an, bei denen er das neue Geschehen mit dem alten verglich und dann entschied, in welche Gruppe es natürlicherweise passte. Dies ist weitgehend eine Frage der Übung und des Geschicks, aber es kann durch ein wenig Nachdenken und Sorgfalt, unterstützt durch die Praxis, erworben werden. Und es wird sich für die Mühe, es sich anzueignen, bestens auszahlen. Die folgende Tabelle wird bei der Klassifizierung von Objekten, Ideen, Fakten usw. nützlich sein, um sie mit anderen Fakten ähnlicher Art zu korrelieren und zu verknüpfen. Die Tabelle ist in der Reihe der Fragen zu verwenden, die man an sich selbst bezüglich des zu betrachtenden Gegenstandes richtet. Sie ähnelt in gewisser Weise der Tabelle der Fragen in Kapitel XVII dieses Buches, hat aber den Vorteil der Kürze. Lernen Sie diese Tabelle auswendig und verwenden Sie sie. Sie werden sich über die Ergebnisse freuen, wenn Sie den Dreh raus haben, sie anzuwenden.

FRAGEN-TABELLE. Stellen Sie sich die folgenden Fragen zur Sache, die Sie in Erwägung ziehen. Es werden Ihnen viele Informationen und damit verbundenes Wissen in den Sinn kommen:

(1) WER?
(2) WAS?
(3) WANN?
(4) WO?
(5) WARUM?
(6) WIE?
(7) WOZU?

Die oben genannten sieben Fragen dienen dazu, sich klare Eindrücke und Assoziationen zu verschaffen, sie dienen aber auch als magischer Schlüssel zum Wissen, wenn man sie intelligent einsetzt. Wenn Sie die Fragen zu irgendetwas beantworten können, werden Sie viel über die spezielle Sache erfahren. Und nachdem Sie die Fragen umfassend beantwortet haben, wird nur noch wenig unausgesprochenes Wissen über die Sache übrig bleiben. Probieren Sie die Fragen an irgendeiner Sache aus - sonst können Sie diese nicht richtig verstehen, es sei denn, Sie haben eine ausgeprägte Vorstellungskraft.

NATURWISSENSCHAFT, PHYSIK UND ASTRONOMIE

– **Äquivalenz von Information und Energie.** Von: K.-D. Sedlacek
– **Das Gesetz im Zufall:** Wie sich verborgene Gesetzlichkeit manifestiert. Von: Moritz Cantor u. K.-D. Sedlacek (Hrsg.)
– **Die Transzendenz der Realität :** Spuren einer allumfassenden transzendenten Realität jenseits von Raum und Zeit. Von: K.-D. Sedlacek
– **Einsteins Relativitätstheorie ganz ohne Mathematik.** Spezielle und allgemeine Relativitätstheorie. Von: Prof. Dr. Paul Kirchberger u. K.-D. Sedlacek (Hrsg.)
– **Freizeitvergnügen Sternenhimmel mit bloßem Auge:** Wie man Sternbilder auffindet ohne Instrumente. Von: Prof. Dr. Paul Kirchberger u. K.-D. Sedlacek (Hrsg.)
– **Phänomen Naturgesetze:** Das Geheimnis hinter den Erscheinungen der Welt. Von: K.-D. Sedlacek
– **Supervereinigung:** Wie aus nichts alles entsteht. Von: K.-D. Sedlacek
– **Die Natur psycho-physikalischer Phänomene.** Erforschung telekinetischer Vorgänge. Von: Schrenck-Notzing, A. u. Klaus D Sedlacek (Hrsg.)
– **Giganten der Physik.** Die Top10-Physiker der Menschheitsgeschichte. Von: Klaus-Dieter Sedlacek (Hrsg.)
– **Der allmächtige Informatiker:** Das Mysterium des Universums. Von Sir James Jeans u. K.-D. Sedlacek (Hrsg.)
– **Der verborgene Mechanismus des Weltgeschehens:** Neue Erkenntnisse über die Gestalten biotechnischer Systeme der Welt. Von: Dr. h. c. Raoul Francé u. K.-D. Sedlacek
– **Der erdgeschichtliche Klimawandel:** Den wahren Ursachen von Klimaschwankungen auf der Spur. Von Wilhelm Bölsche u. K.-D. Sedlacek (Hrsg.)
– **Wege zur physikalischen Erkenntnis.** Meine wissenschaftlichen Selbstbiographie, Reden und Vorträge. Von **Max Planck** u. K.-D. Sedlacek (Hrsg.)

– **Leonardo da Vinci:** Seine naturwissenschaftlichen Studien und genialen Erfindungen. Von Hermann Grothe u. K.-D. Sedlacek (Hrsg.).
– **The philosophy of physical science.** By Sir Arthur Eddington.
– **The nature of the physical world.** By Sir Arthur Eddington.
– **Leben in der Warmzeit der Erde.** Aus den Urtagen vor dem heutigen Klimawandel. Von Wilhelm Bölsche und K.-D. Sedlacek (Hrsg.
– **Treibhauseffekt und Klimawandel:** Energiewende, ja bitte, aber nicht wegen CO_2. Von Klaus-Dieter Sedlacek (Hrsg.)
– **Über die Gewissheit von Vorhersagen:** Wahrscheinlichkeiten bestimmen ohne Formelballast. Von Klaus-Dieter Sedlacek (Hrsg.)

CHEMIE

– **Der Stein der Weisen:** Wie die Alchemie zur Chemie wurde. Von: Wilhelm Ostwald et. al. u. K.-D. Sedlacek (Hrsg.)
– **Durchblick Chemie:** Praktische Grundlagen und Einführung in die anorganische, organische und Biochemie. Von: Prof. Dr. Lassar-Cohn, Prof. Dr. W. Löb, K.-D. Sedlacek

NATUR- UND PHILOSOPHIE

– **Die letzten Ursachen.** Das Buch der Naturerkenntnis. Von: K.-D. Sedlacek
– **Gebundener Wille:** Wie frei ist menschlicher Wille tatsächlich? Von: K.-D. Sedlacek, G.F. Lipps et. al.
– **Jenseits der Erscheinungen:** Erkennbarkeit und Realität der Quantennatur. Von: Prof. Dr. M. Schlick u. K.-D. Sedlacek (Hrsg.)
– **Kleines Wörterbuch der Natur-Philosophie:** 1200 Begriffe, die man kennen sollte, kurz und prägnant. Von: K.-D. Sedlacek
– **Naturphilosophie:** Das Wesen von Naturgesetzen und die Erklärung des Lebens. Von: Prof. Dr. M. Schlick u. K.-D. Sedlacek (Hrsg.)

BUCHTIPPS

- **Vereinbarkeit von Religion und Naturwissenschaft.** Von: Kurd Laßwitz u. K.-D. Sedlacek (Hrsg.)
- **Das Konzept des Guten.** Sinnliches Empfinden – Der Ursprung unserer Wertvorstellungen. Von: Klaus-Dieter Sedlacek (Hrsg.)
- **Ist echte Erkenntnis möglich?** Einführung in die Erkenntnistheorie. Von: Prof. Dr. Erich Becher u. K.-D. Sedlacek (Hrsg.)
- **Das individuelle Ich:** Was ist der Kern des Selbstbewusstseins? Von: Th. Lipps u. K.-D. Sedlacek (Hrsg.).
- **Persönlichkeit und Unsterblichkeit:** In welcher Form existiert ein Weiterleben nach dem zeitlichen Ende? Von: Wilhelm Ostwald u. K.-D. Sedlacek (Hrsg.)
- **Die idealistischen Grundwerte unserer Kultur.** Von Johannes M. Verweyen u. K.-D. Sedlacek (Hrsg.)
- **Was sind Wirklichkeiten?** Aufgedeckte Naturgeheimnisse. Von Kurd Laßwitz u. K.-D. Sedlacek (Hrsg.)

Bewusstsein

- **Leben nach dem Leben:** Befreiung des Bewusstseins von den Fesseln der Zeit. Von: K.-D. Sedlacek
- **Quantenbewusstsein.** Von: N. Wrobel u. K.-D. Sedlacek
- **Synthetisches Bewusstsein.** Von: K.-D. Sedlacek
- **Unsterbliches Bewusstsein:** Raumzeit-Phänomene, Beweise und Visionen. Von: K.-D. Sedlacek

Leben und Medizin

- **Leben aus Quantenstaub.** Von: N. Wrobel u. K.-D. Sedlacek,
- **Was ist Krankheit?** Von: N. Wrobel u. K.-D. Sedlacek
- **Bewusstsein und Unsterblichkeit.** Von: C. L. Schleich u. K.-D. Sedlacek (Hrsg.)
- **Die Lebenskraft:** Wie Enzyme, Bewusstsein und quantenbiologische Effekte das Leben regulieren. Von: K.-D. Sedlacek u. N. Wrobel,

- **Die verborgene Ordnung des Weltsystems.** Neue Erkenntnisse über die schöpferischen Kräfte der Natur. Von: Dr. h. c. Raoul Francé u. K.-D. Sedlacek (Hrsg.)
- **Homöopathie und Praxis:** Naturheilkundliche alternative Medizin für den mündigen Patienten. Von: Dr. med. J. Voorhoeve u. K.-D. Sedlacek (Hrsg.)
- **Eine andere Sicht auf die Entstehung der sporadischen Form der Alzheimerkrankheit.** Von Norbert Wrobel u. K.-D. Sedlacek (Hrsg.)
- **Bleib beweglich und fit ohne Geräte.** Leichte ärztliche Zimmergymnastik für jedes Alter. Von Moritz Schreber.
- **Plötzlich gesund.** Medizinische Wunderheilungen und die Macht organische Leiden psychisch zu beeinflussen. Von Erwin Liek.

Psychologie

- **Gestalt-Psychologie:** Einführung in die neue Psychologie vom Begründer der Gestaltpsychologie. Von: Prof. Dr. Kurt Koffka u. K.-D. Sedlacek (Hrsg.)
- **Die ersten Spuren psychischer Erscheinungen:** Das psychische Leben von Mikroorganismen – Eine Studie in experimenteller Psychologie. Von Alfred Binet u. K.-D. Sedlacek (Übers.)
- **Allgemeine moderne Psychologie:** Systematische Einführung in die Wissenschaft psychischer Prozesse. Von August Messer u. K.-D. Sedlacek (Hrsg.).
- **Strahlende Kräfte durch positives Denken:** Die Wurzeln des Erfolgs und Wege zum Glück. Von Emil Peters u. K.-D. Sedlacek (Hrsg.)
- **Neue praktische Menschenkenntnis.** Ein Ratgeber zur Menschenbehandlung mit zahlreichen Bildern und Beispielen. Von Johannes Maria Verweyen.
- **Massenpsychologie am Beispiel Jan Bockelsons.** Geschichte eines Massenwahns mit einer Einführung von Sigmund Freud. Von Friedrich Reck-Malleczewen. K.-D. Sedlacek (Hrsg.)

BIOLOGIE

– Wie intelligent sind Pflanzen? Sensationelle Einblicke in die geheime Seite des pflanzlichen Wesens. Von Prof. Dr. phil. Adolf Wagner u. K.-D. Sedlacek

– Über Menschenaffen, Tierseele und Menschenseele: Intelligenzprüfungen an Hominiden. Von Wilhelm Bölsche et. al. und K.-D. Sedlacek (Hrsg.)

GESCHICHTE, VOR- U. FRÜHGESCHICHTE

– Die geheimnisvolle Kultur der alten Kelten. Von Druiden, Fürstensitzen und der Lebensart unserer frühgeschichtlichen Vorfahren. Von Georg Grupp u. K.-D. Sedlacek (Hrsg.)

– Der Alchemist Leonhard Thurneysser: Die Lebensgeschichte des Goldmachers von Berlin. Von Klaus-Dieter Sedlacek (Hrsg.)

– Es begann mit Feuerskraft. Das Werden des Menschen und seiner Kultur. Von Carl W. Neumann u. K.-D. Sedlacek (Hrsg.)

– Gefangen zwischen Eisschollen: Die dramatische Entdeckungsgeschichte der Antarktis. Von Klaus-Dieter Sedlacek (Hrsg.)

RATGEER

– Kultur erleben mit den Wohnmobil in Frankreich: Vierzig kulturelle Highlights, Park- und Übernachtungspätze sowie Navigationskoordinaten. Von Klaus-Dieter Sedlacek

– Kochbuch für ganze Kerle: Kräftige und Feinschmeckergerichte für Freizeit und Camping. Von K.-D. Sedlacek (Hrsg.)

– Der Weg zu Wohlstand und Reichtum: Goldene Regeln für den Aufbau einer selbständigen Existenz. Von P.T. Barnum u. K.-D. Sedlacek (Hrsg.)

– Die Kultur der Azteken: Mit einem Anhang Große Landesausstellung Baden-Württemberg „Azteken" im Lindenmuseum. Von William Prescott.

FORSCHUNGSREISEN U. ABENTEUER

– Meine erste Weltumseglung: Tagebuch einer epochalen Expedition. Von James Cook u. K.-D. Sedlacek (Hrsg.)

– Exotische Reise durch Persien: Abenteuerlicher Bericht aus einer fremdartigen Welt des 19ten Jahrhunderts. Von Pierre Loti u. K.-D. Sedlacek (Hrsg.)

– Mit der Beagle um die Welt: Bericht meiner Forschungsreise zum Galapagos-Archipel. Von Charles Darwin u. K.-D. Sedlacek (Hrsg.)

– Peking-Paris im Automobil: Die legendäre 16.000 km – Rallye 1907. Von Luigi Barzini u. K.-D. Sedlacek (Hrsg.)

EBOOK-REIHE

"WISSEN UND WIRKEN"

Nr.; Titel; Untertitel; Autor

1: Herrscher über die Natur ; Anfänge der Naturbeherrschung - Frühformen der Mechanik - und der Erfindungsgeist der Naturvölker ; Von Weule, Karl

2: Was man über Chemie wissen sollte ; Chemie im täglichen Leben ; Von Cohn, Lassar

3: Gesundheitsschädlicher Bio-Feinstaub ; Die Biologie des atmosphärischen Staubes (Aeroplankton) ; Von Molisch, Hans

4: Transzendenz und Unendlichkeit; Die Welt- und Lebensanschauungen eines Physikers ; Von Weinstein, Max Bernhard

5: Der Traum vom Perpetuum mobile ; Über die Wechselwirkungen der Naturkräfte ; Von Helmholtz, Hermann von

6: Babel und Bibel; Vortrag über die babylonischen Wurzeln der Bibel ; Von Delitzsch, Friedrich

7: Der Mann, der "Ich denke, also bin ich" sagte ; Eine kurze René Descar-

Buchshop: